大夏书系·《人民教育》精品文丛

"好校长"是怎样炼成的

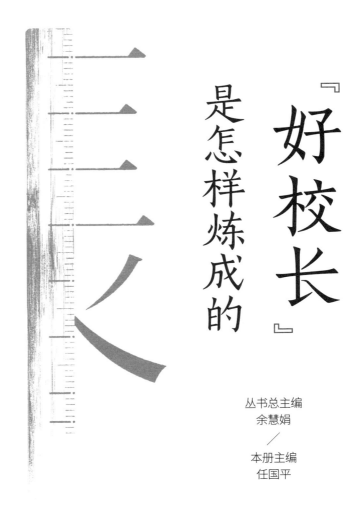

丛书总主编
余慧娟

本册主编
任国平

华东师范大学出版社
全国百佳图书出版单位

人民教育

《人民教育》精品文丛编委会

编委会主任： 翟　博
编委会成员： 翟　博　雷振海　陈志伟　夏　越　周　飞　连保军

总　主　编： 余慧娟
副总主编： 赖配根
执 行 编 委： 余慧娟　赖配根　李　帆　施久铭　朱　哲
分 册 主 编： 程　路　董筱婷　冀晓萍　李　帆　钱丽欣　任国平
　　　　　　　施久铭　邢　星　朱　哲

目 录

总序　办伟大的学校，做伟大的校长和教师　翟　博　　1
序　新时代呼唤更多的"好校长"　毛亚庆　　7

辑一

校长的价值领导力从何而来

守护教育的良心　厉佳旭　　3
办一所学生喜欢的学校　姚跃林　　8
叩问教育的本质　朱祥烈　　11
我有一个"芽"与"露"的梦想　王淑芳　　14
我为什么越来越不会当校长了　柳袁照　　17
校长如何实现价值引领　翁光明　　22
校长的价值领导力从何而来　曾祥琼　　27
如何走出"办学理念"误区　孔凡哲　　32

辑二

把校长当作一门"学问"来做

校长，如何成为一名专业行政领导　林卫民	39
校长职级制改变了校长生态环境　李升全	44
从"职务"向"职业"的转身　张景和	48
把校长当作一门"学问"来做　周　颖	52
校长的学科专业追求会提升管理"含金量"　周　婷	56
校长应坚持自己的学科专业追求　李　丹	60
管理才是校长的第一专业　李建华	63

辑三

从行政思维转向法治思维

从行政思维转向法治思维　封留才	69
法治思维更多地体现为制度管理　祝　郁	71
以师生合法权利制约校长权力　丁莉莉	75
一部好章程，一所好学校　乔锦忠	79
每位教师都是章程的制定者和受益者　张浩强	83

辑四

谁来调动教师的积极性

如何扶正"奖励性绩效工资"政策　周　彬	89

绩效考核该如何避免流于形式　陈松信	95
"绩效工资"考验校长的管理智慧　张洪锋	99
莫让新事物成为学校发展的羁绊　赖高明	102
走出单一评价教师的困局　吴国平	105
谁来调动教师的积极性	
——以"完全组阁制"化解学校管理难题　周　华	109

辑五

用课程改变学校

使核心素养落地是校长课程领导力的重要标志　任学宝	119
从学生真实生活出发建设课程　周　颖	124
当学校课程走向深度建构　杨培明	130
用课程改变学校　罗树庚	136

辑六

沟通就是一种领导力

沟通就是一种领导力　赵桂霞	145
中层干部，该不该"中规中矩"　薛元荣	151
学校中层的自我"定位"　罗刚淮	155
中层如何更卓越　段安阳	159
我如此投入，怎么还有这么多抱怨　沈茂德	163

辑七

检查评比：从被动"应付"转化为主动"应对"

管得太具体，教育没希望　陈立群　　　　　　　　　171
由被动"应付"转化为主动"应对"　贡和法　　　　174
期待科学民主地评教　李　军　　　　　　　　　　177
检查评比应成为学校发展、学生成长的"助推器"　段安阳　180
回归教育检查评比的初心　张洪锋　　　　　　　　184
将检查评比"融入"学校生活　王文英　　　　　　　188

辑八

学校危机管理 2.0 版

防治学生欺凌和校园暴力需综合施策　俞伟跃　耿　申　195
家校纠纷中，应如何给学校赋权、确权　侯春平　　　200
站在互联网"风口"的家校关系如何处理　林卫民　　207
网格化管理：提升学校危机事件处置能力　邓加富　　213

辑九

教育公平：校长的情怀与担当

尊重文化多样性是教育集团治理的基础
　管　杰　李金栋　王志清　黄　京　　　　　　　219

要鼓励集团内学校个性发展　汪培新　　　226
打破信息不对称　厉佳旭　　　232
化博弈为双赢　叶翠微　　　235
从"不需选"到"不怕选"　周　婷　　　237

辑十

管理标准时代，校长如何走向专业化

《义务教育学校管理标准（试行）》怎么用　吴颖惠　　　241
管理标准时代：从经验式、碎片化迈向规范化、
科学化　任国平　　　246
做好高中校长，能力为重　沈玉顺　　　251
专业的校长"专"在哪里　林卫民　　　255
坚持"标准"，还要超越"标准"　柳袁照　　　258

总　序
办伟大的学校，做伟大的校长和教师

翟　博

《人民教育》编辑部应华东师范大学出版社之邀，出版这套丛书，可喜可贺。

创刊于1950年的《人民教育》杂志，积聚了深厚的历史财富、广博的教育资源、深远的影响力和良好的公信力，被读者亲切地誉为"中国基础教育第一刊"。近几年来，《人民教育》杂志围绕中心，服务大局，坚持"方向性引领、专业化服务"宗旨，着力引领读者深入探讨中国基础教育改革发展的一系列重大课题，并在理论和实践层面作出回应，获得读者高度认可。其中，既有对教育现代化、立德树人、教育公平、教育质量观等重大理论问题的思考，也有校长领导力提升、学校办学的新经验，还有教师发展的新思路，更有最前沿的学习方式的引介，上接天线，下接地气。从《人民教育》近几年发表的文章中，精选、分类结集成册，既充分发挥了文献的长远价值，便于读者系统阅读，也能够更好地扩大传播面。在当前转瞬即逝的刷屏式海量、碎片阅读背景下，高水平的专业文章更能够帮助读者聚焦关注点，提高阅读的获得感，提升专业水平。

具体而言，《人民教育》精品文丛具有如下特点。

第一，丛书立足于新时代中国基础教育的历史使命，对重大教育课题和重点难点问题给出了丰富且可资借鉴的回答，是引领、推动中国基础教育发展的珍贵文献。

党的十八大以来，以习近平同志为核心的党中央高瞻远瞩，提出了一系列重要的教育思想和教育论断，为新时代基础教育发展指明了方向。党的十八大报告首次提出，把立德树人作为教育的根本任务。习近平总书记多次强调，要全面贯彻落实党的教育方针，培养德、智、体、美、劳全面发展的社会主义建设者和接班人；要处理好德与才的关系，解决好德与才相统一的问题；要让学生做到明大德、守公德、严私德；要把立德树人的成效作为检验学校一切工作的根本标准。深刻领会立德树人的丰富内涵，认真探索立德树人的实践路径，深入研究立德树人的理论，是新时代给基础教育提出的重大课题。

在这一背景下，基础教育需要切实承担起一系列重大使命。要把社会主义核心价值观教育融入教育全过程，放在更加突出的位置加以落实，引领学生树立正确的历史观、民族观、国家观、文化观。要植根于中华优秀传统文化的土壤，培育文化自信和中国精神，把中华优秀传统文化融入课堂教学和学校教育全过程，在创造性转化、创新性发展中传承中国人的文化基因。要大力发展素质教育，树立德、智、体、美、劳全面发展的质量观。要重新思考、践行好学校、好校长、好老师的标准。坚持育人为本，转变教育思想观念，认真落实习近平总书记提出的"四有"好老师的要求，进一步提升校长和教师的专业素质。从单纯以学科考试分数为主要评价指标转到全面发展的理念上来；从关注少数尖子生的发展转到关注每一个孩子的发展上来；从过于强调统一步调转到更多关注个性发展上来。

《人民教育》精品文丛，正是站在基础教育改革发展的最前沿，围绕以上重大课题、重要使命，组织国内顶尖专家、优秀校长教师，提供前沿思想理念和脚踏实地的解决方案。《新时代学校使命》一书，由社评和《人民教育》核心议题的前言构成，高度凝练了对当前教育问题的思考，包括教育自信、教育质量观、核心价值观教育、美育、教育活力，等等。《身体教育学》一书，力图借助"身体教育学"这个最新概念，以整体的观念来推动全面发展。《核心素养的中国实践》一书，期待带动整个基础教育质量观的变化，以适应未来对人才和教育的要求。《名校的那些"秘密"》一书，以活生生的案例来展示学校社会主义核心价值观教育、培养文化自信、落实立德树人根本任务的管理、课程、空间设计等诸多实践路径。《还可以怎样学习》一书，聚焦近年来学生发展素养目标的变化，以全球视野介绍更广阔、更多样、更有效的学习方式。《"好校长"是怎样炼成的》一书，专注于校长的价值领导力、课程领导力、教师领导力和沟通领导力等核心要素的实践解读。《老师，你为什么不再进步了》一书，关注教师的成长与高原期突破。《朝向心灵伟大的教师》一书，汇集教育界、文化界及商界名人的成长故事和教育故事，力图为校长教师打开新的窗口，从社会的角度来看教育。

第二，丛书集中展现了中国教育实践经验与智慧，引导读者建立和提升教育自信。

中国教育质量迅速提升的一个重要秘密，就是中小学的每一堂课，都在努力体现国家战略、国家意志，国家顶层设计与一线微观实践高度融通呼应。

对美好生活的渴望，对美好教育的热烈追求，是中国教育成功的重要动力。纵观中国基础教育改革开放 40 年来的历程，对美好教育的追求，成为教育发展、教育工作者改革创造的重要驱动力。这套丛书中提炼的好学校、好校长、好教师的改革经验，无不是在回应广大人民群众对美好教育的殷切期盼。

与时代潮流合拍，创造高品质的教育，是教育改革的重要经验。近年来，中小学涌现了一大批好校长、好教师，就在于他们敏锐地抓住了时代发展的脉搏，大力提升自己的政治素养，养成法治思维，涵养博大的精神世界，从宏观上保障了教育教学改革的正确方向。同时，近年来中国基础教育改革的一个关键突破点，是从主要关注教学方式层面的改进转向学校整体层面的变革，体现了与新时代精神的密切呼应。

从这套丛书中还可以看到如国家认同教育、核心价值观教育、优秀传统文化教育、学校文化、课程构建与优化、选课走班制度等方面的具体操作经验。这些都是我们的中小学扎根中国大地实实在在干出来的智慧结晶，是中国基础教育之所以卓越的重要因素，也是我们教育自信的来源，值得学校校长、教师认真研读、借鉴。

第三，丛书呼吁教育工作者乘着新时代的东风，办伟大的学校，做伟大的校长和教师。

伟大的学校，不是仅仅为升学服务的学校，而是要为学生未来创造美好生活的学校。美好生活，不仅意味着谋生就业能力，也意味着正确的价值观，丰富的精神世界，厚重的家国情怀，强烈的社会责任感，健康的自我调节能力，和谐的人际交往能力。伟大的学校，也不仅仅是学生成长的乐园，还应该是教师的人生幸福所在。教师的幸福与学生的发展密切相关。只有当教师从心底里认同教师职业，才能真正参与到学生的成长之中，也才能获得自身职业价值的实现，收获作为教师的幸福。伟大的学校，善于激发教师的职业热情，帮助教师获得成就感。这也是《名校的那些"秘密"》等书揭示的秘密所在。

伟大的校长，其领导力不仅体现在过硬的政治素质、坚持正确的办学方向上，还体现为优良的道德品质，更要有教育的定力，"习惯于择高处立，寻平处坐，向宽处行，务实，求稳，但内心却向往教育的理想，一切为了民族的未来"。伟大的校长，是善于成就教师的校长。李烈感言："当我哪一天不再做校长时，如果老师们在背后这样说：'李烈当校长的时候，我们是真的在快乐地工作着'，那就是对我最高的褒奖了。"伟大的校长还应是优秀的学习者，善于在繁忙的事务间隙，终身学习，反思完善。在工作中，伟大与平庸的区别往往在于能否不断注入生命的激情，能否不断发现心灵伟大的教师和存在无限发展潜能的孩子。

伟大的教师，首先是一个精神灿烂的人。教师是深度参与学生精神生活的引领者。无论是做"四有"好老师，还是做好"引路人"，教师自身的精神修养是前提，这包括坚定的理想信念、崇高的道德修养、对丰富个性的包容、对人的发展性的充分认识、传递正能量的意识和能力、沟通的艺术、自我情绪管理，等等。善于发现美是他们共同的特质。他们还是一群积极回应环境的人，能够敏锐地发现新问题，通过学习、思考、行动来调整自己，跟着时代一同进步。这些伟大教师的特质，读者可以从《老师，你为什么不再进步了》《朝向心灵伟大的教师》等书中充分感受。

中国社会正处在全面深化改革、实现中华民族伟大复兴中国梦的进程中，社会转型、技术变革等都给基础教育提出了严峻挑战，教育工作者如何看待新情况、解决新问题，考验着我们队伍的素质，更考验我们的学习能力。2013年，习近平总书记在中央党校建校80周年庆祝大会暨2013年春季学期开学典礼上的讲话中指出，"要依靠学习走向未来""只有加强学习，才能增强工作的科学性、预见性、主动性，才能使领导和决策体现时代性、把握规律性、富于创造性"。愿读者在这套丛书中，能够充分感知新时代对我们提出的使命和要求，了解我国基础教育改革发展的基本脉络，把握学校办学的正确方向和科学规律，发展和培育伟大学校、伟大校长、伟大教师成长的"基因"，立志办伟大的学校，做伟大的校长和教师，为伟大的时代贡献自己的价值。

2018年7月

（作者系中国教育报刊社党委书记、社长）

序
新时代呼唤更多的"好校长"

毛亚庆

《人民教育》编辑部的任国平编辑邀请我为近几年在《人民教育》校长板块发表的精彩文章汇集而成的书——《"好校长"是怎样炼成的》写一篇序。我欣然接受,主要是因为该书不仅记录了教育研究者、行政管理者、校长从不同的角度对于如何做"好校长"的思考与切身体悟,读来让人感慨,也为杂志的编辑们这样"有心""用心"为推进中国教育前行所作的努力而感动,更为重要的是对"'好校长'是怎样炼成的"这一主题的积极回应,体现了新时代对于办好人民满意的教育的时代需求。

"新时代"这个词可能是党的十九大以后中国社会使用频率最高的词。新时代的"新",意味着不同于以往,体现为人民日益增长的美好生活需要和不平衡不充分的发展之间的矛盾成了社会的主要矛盾,表现为人民对美好生活的向往成了中国社会未来的奋斗目标;新时代的"新",也意味着这是未来一段历史时期中国社会相对稳定的发展追求,不仅需要中国经济的发展由高速增长阶段转向高质量发展阶段,也需要中国社会的发展整体"升级换代",重新再出发。

在教育上,习近平总书记用"更好的教育"回应人民对美好生活的期盼,在这一背景下,如何做一名"好校长",需要校长在对新时代历史性充分把握的基础上，回应好如何构建"好的教育"和"好的学校"。

首先，好校长应对新时代历史性有充分的认识。对于当下社会发展历史性的把握，既是在原有历史性上的前行，是一种进步，又是为社会的未来发展孕育新的历史发展可能性，为此，好的校长需要关注三个问题。

一是"有没有"的问题，即在原有的基础上是否有新的或被忽视的所谓"存在"产生或被观照，是否有新的或被忽视的特质出现；在新时代，比起金钱和物质，更重要的是精神层面的充实感；人民对生活的需要不再停留在追求量的增加、点的变化上，开始注重质的飞跃、面的拓展。人们对物质文化生活提出了更高的要求，并且对民主、法治、公平、正义、安全、环境等方面的需求也日益提高。

二是"对不对"的问题，即基于新质或被忽视的"存在"被关注的背景下，提出的新思路、新战略、新举措与所关注的"存在"是否具有某种特定的规定性，是否促进了它的发展和光大。在新时代，社会发展方式从关注数量增加和外延延展转变到追求质量的提升和内涵的发展；社会发展模式从数量扩张的增长模式转向质量提升的发展模式，更强调从外延到内涵式的发展道路。

三是"好不好"的问题，即这些新思路、新战略、新举措是否促进了社会向前发展，是否满足了相关主体需要的发展追问。在新时代，人们对美好生活的向往，表明人们对自己的定位不再是外在物质的欲求物，而是将自己的生活本身作为描述和评判的对象。美好生活的含义不仅是断言对自己生活感到满意而是觉得自己的生活很好，衡量的尺度将是把人的发展作为目的，而不是为了某种纯粹外在目的而牺牲人的发展，从而使这个社会呈现的是"崇高"而不是"鄙俗"，是精神的彰显而不仅是物质的追求，是人的发展而不仅是物质的丰富。

其次，好校长要对"好的教育"有充分的理解。在新时代要构建"好的教育"，需要从如下方面努力。

第一，教育需要重新定位：不仅要多出人才，快出人才，更重要的是要出好人才。出好人才，在新时代就须回答好"培养什么人，怎样培养人"这一带有全局性和根本性的教育重大问题，要体现教育的中国特色社会主义的方向性，通过教育，使社会主义核心价值观达到"立德树人"。

第二，对人发展的理解要变化：不仅要成为"某种人"，更为重要的是要"成为人"。在新时代，要解决好由于以往教育发展更多地为经济发展服务的单向度定位，以及由于市场经济建立与功利化、唯认知论的升学诉求相互成为共谋，使对人的发展的理解过多关注系统知识的掌握和具体专业知识的拥有，追求形成某种特定的技能，从事特定的职业，扮演特定的角色，遗忘了教育对人发展的理解应是"使人作为人能够成其为人"，而不仅是使人"成为某种人"。

第三，对教育的理解要变化：对教育的理解不仅要"观物"更要"观人"。在新时代，对教育的理解不再仅是"人是掌握知识的容器"，注重知识与学生发展的外在关联；而更应从"观人"的立场强调教育也需要把握"现实的、活生生的、具体的、历史的人"——人毕竟是追求意义的存在，这种存在不仅是寻求所属物种尺度的生存存在，更为重要的是追求人内在固有尺度的生命存在。

第四，教育价值的取向要变化：在新时代对教育公平和教育质量应有新的理解，要树立"没有公平的质量是不道德的，没有质量的公平是低层次的"这样的认识，从两者彼此分离转换到相互交融整体加以理解的阶段，在更凸显公平的同时还要兼顾有质量，这是保障每一个受教育者身心潜能得到全面发展的基础，也是每一个适龄受教育者的基本权利。

第五，思考教育的方式要变化：看待教育发展的思维方式要从"点"到"面"转换。在新时代，看待教育发展的思维方式要体现整体性和综合化，要凸显将教育的发展看作一个整体，立足于整体来分析教育部分与部分、部分与整体之间关系的系统性；需要整体系统思考破解制约基础教育发展的问题与障碍，促进基础教育自身完善和健康发展，真正体现基础教育是给孩子的发展打基础的定位。

最后，好校长对"好学校"要有充分的理解。在新时代要构建"好的学校"，就应使学校更像人一样是有生命、有灵性的，是一个生命的有机体；好的学校不应只是规划孩子发展的地方，而应是一个能够让孩子实现梦想的地方。因此，好的学校必备这样的基本要素。

共享与自我彰显的学校办学理念构成学校的灵魂。在这里，学校的灵魂应建立在学校生活中相关群体达成了共享的学校发展愿景，形成了共同成长的办学理念，树立了将学生视为一个自我生命的生成者、实现者，使每一个人获得最大可能的充分发展。

开放与互动的人际关系构成学校的血肉。在这里，学校管理者、教师和学生的关系不是彼此孤独、分割、个体化的"原子"——彼此不沟通，不相互理解，学校不是被看成孤独个人的机械聚合，而是彼此开放、互动的有机体。

科学与民主的学校运行机制构成学校的骨架。在这里，学校管理不仅要关注制度化、程序化、技术化的管理过程，还要在教育政策、制度、机制上通过民主的方式，使人的自由意志得以彰显、保证和实现。

追求理性的获得与人性的提升的教育教学质量构成学校的命脉。在这里，学校教育不再是注重加班加点的知识训练，学习的目的不再只是为了获得一个外在于人的本真发展的外在认可的符号和资格，学校教育质量与效益的获得要出于人的社会性发展，提升人的人性，注重人的精神理念和人格锻造。

新的时代，需要基于新时代的历史性把握，对"好的教育""好的学校"有充分理解的"好校长"快速成长，以"更好的教育"回应人民对美好生活的向往，使中国社会不仅"站起来""富起来""强起来"，而且能够更"好起来"。

2018 年 5 月

（作者系教育部小学校长培训中心主任，北京师范大学教育学部教授）

辑一
校长的价值领导力从何而来

守护教育的良心

厉佳旭

2016年5月的一天,我收到王飞老师写的文章《孩子,学校给你的不仅仅是分数》,讲述了一个这样的故事:

> 一个学生不肯来校读书。王飞和班主任决定前去家访。
> 学生见到老师就说:"读书没意思,学校没意思。"
> 王老师灵机一动,说:"去学校又不是为读书的。"
> "到学校不为读书?那为了什么?"
> "为了生活,为了做人,为了交朋友,为了锻炼身体,为了做些自己喜欢做的事情,为了学点对自己有用的本事啊。读那几本书,考点分数,只是很小的一部分。你看,一个人在家里,什么都不做,就是玩游戏、看电视,能够学到什么?时间一久,身体变差了,心情也不好了,朋友也没了,什么本领也学不到。在学校,每天有体育课,可以锻炼身体;每天和同学们一起吃饭聊天,可以交朋友;每天可以看点喜欢的书,参加喜欢的兴趣小组,学点东西。这不是很快乐吗……"
> 这个学生居然被老师的一番话打动了。第二天,就回到了学校。

王老师后来对我说:"虽然我们花了周末大半天时间去做工作,虽然这个学生的学习态度并不好,但我们还是觉得很有意义。"

"是的,这就是教育良心。我们多做些与分数无关的事情,多做些在别人看来毫无意义的事情,恰恰是在守护着自己的教育良知,恰恰也证明我们在努力做着真教育。"

王飞是学校的政教主任,我们经常进行这样的对话。

有教育良心就会真正重视育人工作,不会把分数当作自己的唯一追求

2016年6月21日下午,在浙江省宁波市政府召开的中小学德育工作会议上,作为学校代表之一,我校有幸能够登台发言。在介绍了学校德育工作经验后,我谈了三点体会:

第一,重视是前提。学校对德育的重视程度和开展德育工作的实际高度,往往决定了一所学校的办学品位和办学品质。

第二,虔诚很重要。德育的成效就在学生日常生活中,但它常常躲在光鲜的成绩背后甚至远离成绩的地方。教育者必须怀有一颗单纯而虔诚的心。

第三,垂范是关键。教师出现的地方,就应该是教育发生的地方。学生更相信他看见的成人世界,而不是他听说的道德世界。

最后,我用一句话总结:教育的使命是立德树人。或许,当我们对分数背后的东西关注更多,对分数以外的东西关心更多的时候,我们就离教育的目的和本质更近了。

我的这次发言,得到了与会领导和同行的认同和肯定。某位市领导在讲话中多次引用我的观点和原话,他认为我对育人工作的认识是到位的。

其实,在我看来,要做到上面三点,最关键的就是教育良心。

有教育良心,就会真正重视育人工作,不会把分数当作自己的唯一追求;有教育良心,就会虔诚地重视每一个学生的健康成长,不会用分数来衡量学生的优劣,区别对待;有教育良心,就会明白,做教师就要严于律己,行胜于言,时时表率,处处垂范,勇于自责和自纠,善于自省和自励,而不是知行脱节,言行不一。

什么是良心？良心，指的是人与生俱来的道德感，是人类辨别是非对错的能力。它也是人之为人的本质特征，是被现实社会普遍认可并被自己认同的行为规范和价值标准。

良心是人格道德的内核。一个人如果具备了良心，即便没有外在的约束和监督，也会"从心所欲不逾矩"。所以，卢梭认为"良心是灵魂之声"，苏霍姆林斯基视良心为"使人做自己行为举止的最严厉的评判者的力量"，是"行为和理智的捍卫者"，毛姆则称良心是"守护个人为自我保存所启发的社会秩序的保护神"。

什么是教育良心

教育良心，就是良心在教育工作中的具体体现和要求，是教育者应该具备的职业道德感和专业抉择能力。具体地说，它是教育者对教育事业的那份忠诚，对教育原则的那份坚守，对教育对象的那份关爱，对教育责任的那份担当，对教育质量的那份承诺，对教育效率的那份追求。

教育是良心活。

因为教育具有迟效性，绝不像许多工作那样立竿见影，你今天所做的教育努力，可能在明年甚至数十年后，才能显现出效果来。

因为教育具有复杂性，学生的成长不仅来自教师个人的努力，还来自学生个人、家长以及社会各界的共同努力，谁都可以把责任轻易地推卸给别人。

因为教育具有潜隐性，教育的好坏常常深深地潜伏隐藏在学生的内心深处，它不像工厂流水线上的生产那样可以简单测量。你带给学生的是心灵的成长还是精神的沉沦，任何高明的工具和量表都难以准确测量。

教师的工作具有极大的随意性和主观性。要做好教育，是世界上最困难的事情；要做坏教育，是世界上最容易的事情。要做一位卓越的教师，是人间最艰难的挑战；要做一位平庸的教师，则是人间最简单的选择。

看到学生萎靡不振，你可以张口批评，也可以视而不见，还可以草草过问，更可以作深入细致的调查、沟通和家访，说不定，这里面就有一个令你吃惊的背景和让你流泪的故事。

这就是教育的良心。

学生的作业本,你可以匆匆打个日期,可以简单打个对错,可以再打个等级,也可以根据你对学生的了解认真写几句批语或激励的话。当然,还可以找每个学生来面对面,一一作细致而耐心的指导。

这就是教育的良心。

面对一节课,你可以拿着课本直接进课堂,让学生一边学,你一边跟着临时"备课";你可以下载个课件,生搬硬套,照本宣科;你可以拿着过去的教案,与学生一年一年重复着"阿毛的故事";你可以深入钻研教材,查阅大量资料,花大半天、一个周末甚至许多天备一节课。你可以给学生云里雾里、不知所云的迷惘,也可以给学生如沐春风、豁然开朗的愉悦,更可以给学生醍醐灌顶、更上层楼的惊喜。

这就是教育的良心。

在你功成名就之后,领导和同事对你不吝赞词,你可以躺在荣誉上恃才傲物;你也可以回到起点,重新出发,开始更高远的探索之旅。

这就是教育的良心。

在你行将退休之际,同事和学生对你敬重有加,你可以依靠资历得过且过;也可以永葆初心,珍惜在校的每一个日子,勤勤恳恳,善始善终。

这就是教育的良心。

在你遭受不公之时,领导和家长对你批评指责,你可以放任自己敷衍塞责;也可以任劳任怨,一如既往地兢兢业业、恪尽职守,努力关爱和帮助每一个学生。

这就是教育的良心。

总之,教育是让人成为人的事业,当以培育和守护人的良心为己任。教师是良心活,是特别倚重良心的职业,是最需要良心作为保障的职业。良心既是教育之根基,也是教育之灵魂。

只有守护住教育良心，我们的学校才像真正的学校

当前，以片面追求升学率为主要特征的教育功利化和短视化现象依然十分严重；全球性的社会问题，如诚信缺失、真理模糊、物欲泛滥、享乐至上等，轻而易举地侵入校园，影响教育，校园内层出不穷的心理失衡、价值失偏、理想失却、道德失守、行为失范等现象，早已令人深以为忧。

朱清时院士曾说过："一个社会要有希望，一定要有净土，这个净土就是学校。"学校理当成为一片净土，一方道德高地，自觉承担起并切实履行好服务和改造社会的伟大使命。只有守护住教育良心，我们的学校才像真正的学校，我们的教师才像真正的教师，我们的教育才是真正的教育，我们的孩子们也才能够更好地传承和守护住人类的真善美文化，生活在更美好的未来社会之中，并为未来社会和文明进步作出自己应有的贡献。

所以每年开学，我们全体师生都会在国旗下庄严地宣誓："我，从走进立人中学的那一刻起，无论今后身处何方——有人看见或无人看见，无论今后所言何物——有人听见或无人听见，无论今后所做何事——有人知晓或无人知晓，都将坚守与生俱来的良知，做一个懂感恩、负责任、有爱心的人。"

我们将这份誓词印刻在运动场的文化墙上，师生们茶余饭后休闲散步的时候，不经意间就从这里获得了关于良心的启发和提醒。

总之，好的学校就应当这样：走在校园里的都是有良心的人，而从校园里走出去的人，都是能够坚守良心的人。

无论社会如何复杂，世界如何变幻，生活如何凶险，命运如何无常，作为教育者，我们应当始终坚守自己的教育良心。

教育者好了，教育才会好起来；教育好了，孩子们才会好起来；孩子们好了，世界才会好起来。

（作者系浙江省宁波市镇海区立人中学校长）
（文章原刊于《人民教育》2017年第01期）

办一所学生喜欢的学校

姚跃林

7年前的初夏,我从媒体上得知厦门大学在福建漳州校区与漳州开发区联合筹办一所中学的消息。从未想过"跳槽"的我,第一次认真地看完了一所学校的招聘启事。

"创校",瞬间点燃了我心中朦胧的教育理想。我一直希望在一所风光旖旎的寄宿制学校里教书育人,朝看学生读书,夕观学生运动,夜览星空下水晶般的教学楼,满眼尘世喧嚣被隔离后洋溢在师生脸上浓稠的甜蜜……一种属于孩子与学校的特有的色彩和旋律,我称之为"稍稍有一点诗意地栖息"。这一点"诗意","诱惑"我开始了一段冒险之旅。

离开工作了23年的安徽一所知名中学,我有太多的不舍。我在那里成长,见证了她的辉煌,也为她的再出发奠定了平稳基础。但闹市中局促的校园无法放飞我的理想。早晨,学生拥在校门口等待开门;傍晚,单调无情的广播催促学生离开校园;夜晚来临,校园是那样的静寂……一种因处处妥协、时时遗憾而潜滋暗长的教育理想,似乎一直在等待放飞的天空。2007年9月3日,我抛家别子,走进了只有我一个人的"学校",等待我的是一座滨海荒山和一卷蓝图。

今天,若问我为什么要当厦大附中的校长,我会平静地说:为了教育理想!难道还有什么其他理由可以解释?

一切从零开始。在办学定位受到质疑、学校发展面临困境的2009年春天，我常常夜不能寐，心力交瘁，每一个早晨都在心脏的隐痛中醒来，每一个晚上都在醒不过来的担忧中入睡。我下定决心：即使不能实现既定定位，也绝不离开"学校"。幸运的是，我们用自己的努力赢得了信任和发展机遇。

学校因学生而存在，有学生学校就有价值。没有优质生源，也许难有好的升学成绩，但完全可以建成好学校，关键在教师。我们确立了"培育和提升一流的教育服务品质，用合适的教育办学生喜欢的学校"的办学思路，将师资作为"服务品质"的核心，视"一流教育服务品质"为最高质量。真心服务学生成长，办学生喜欢的学校，这既是我们的理想，也是切合实际的发展路径。对于学校而言，还有比"学生喜欢"更高的评价吗？

激发教师的智慧比制度建设还重要，而制度正是用来保障教师教学自主权的。用一个模式来定义一所学校的课堂是一件不可思议的事。我们倡导教学民主，不搞"明星制"，珍视批判精神，直面教育本质，绝不做明天后悔的事。从互信和唯美的视角来建构多维关系，在单纯和谐的人际交往中，享受专业化的生活乐趣。规划基于终身从教的专业发展，将最好的论文写在课堂上，在实践中获得专业成长。努力保持人格独立和精神超越，办有尊严的教育。

教师生活在学生中，使厦大附中教师成为当今社会最专注于自己专业的人。突出服务，使资源和课程更好地促进学生全面发展。尊重学生的自主创造，以"我即文化"的命题，引领文化自信和文化自觉。不追求"高效课堂"，强调师生相伴共处的意义。尊重学生的客观差异和选择权，从关注学生的现实快乐出发，提高教学有效性。反对"为了考试"的课堂，努力实现教育对人的起码尊重。承认生命的固有价值，提倡适度教育，勉励学生做幸福的平凡人。

回望来路，我很庆幸自己在职业生涯的后半程，能有一件自己喜欢的事可做。虽然我深知办一所不一样的学校无比艰难，但与学校相守，与师生相伴，我的内心充满阳光。7年来，校园赐予我不竭的思想和快乐，我以笔谈的方式予以记录，在个人博客"理想国"里写了近 500 篇、120 多万字的文章。我为我的同事和学生而写，向其倾诉，与其对话。校长要做"真实"的人，要用教育信仰和人格魅力在思想的平等碰撞中领导学校。

今天，当孩子们享受着免费教育、同事们沉浸于职业幸福时，当他们感念快乐的校园生活而由衷地喜欢附中时，当学校办学质量快速提升从而具有较大区域影响力时，我才真正体会到"校长"的职业价值，感悟到坚持的意义，才发现我的梦正是大家的梦。

（作者系厦门大学附属实验中学校长）
（文章原刊于《人民教育》2015 年第 07 期）

叩问教育的本质

朱祥烈

校长是什么？我认为校长是事业。我从教已近30年，虽然已担任校长16年，但是在校长事业之路上，我还是一名学生。

我喜欢安安静静地办学，不迎合喧闹与浮华。这份安静，可以让内心慢慢强大，目标慢慢清晰，思想慢慢积淀。

世纪之初，我在成都芳草小学担任校长10年，有了属于自己的"一亩三分地"，可以做自己想做的事，去追寻人生的价值。但是，当校长不是一件简单的事，有诸多的问题、困难、矛盾找上门来，我慢慢体会到了一种责任、一种担当：必须把学校办好。

我是做科研出身，曾有教改课题成果获得重庆市一等奖，于是便从教育科研起步探索办学之路。针对最初学校硬件差、教师不稳定、家长不信任等问题，我们开展了教师审美素质促进学生发展的研究。3年下来，教师素质、教学质量有了可喜变化，原来迟疑的家长也纷纷把孩子送来了。

后来发现，要把学校办好，仅仅靠提高教师素质是不够的，必须使全体学生全面、主动、和谐发展。在上一轮研究中，我们发现审美化评价是制约学生发展的一个瓶颈，于是我带领团队质疑"三好学生"评价中的问题，借鉴全国少工委雏鹰争章的思想，延续审美化评价探索，开展了省级课题"争章夺星促进小学生个性化发展"的研究。几年下来，我们厘清了评价理念，建构了一套小学生个性化评价体系与策略。这一研究成果获得了四川省政府教学成果一等奖，学校办学质量和效益迅速提升。

在科研兴校的进程中，我不断叩问：教育的本质是什么？什么样的思想和策略才符合教育的本质规律？我越来越清晰地认识到，教育的本质是促进学校里每一个人真实、善好地发展，由此出发，越是贴近学校实际、受到师生认同的想法、做法，就越是符合教育规律、办学规律。我们相信只要找准问题、定准目标，通过持之以恒的科研淬炼，一定能收获师生的成长与发展。

然而，仅有教育科研是不够的。在新一轮课程改革的浪潮中，我在反复追问自己从哪里来？要到哪里去？在被评为成都市特级校长、被遴选为成都市未来教育家培养对象后，更多了一份压力和责任。如何引领师生实现更好的发展？如何更好地发挥自己应有的作用？

在不断琢磨与实践中，一个改革的轮廓逐步清晰：办一所自由生长型的学校，以自由生长型的教师培养具有"独立之精神，自由之思想"的生长型学生。我和我的团队在心中描摹出一片更美的风景。

"自由"是"不逾规矩的随心所欲"，不受束缚，不被压抑，指向心灵的舒畅、精神的饱满、思维的开放；"生长"是主动的成长，是生命力的迸发。自由生长的主张直指造成学生不快乐、不自由、不幸福的各种功利思想和其他积弊，力图唤醒教师尊崇教育规律的悟性，喜欢所做的，做所喜欢的；唤醒学生向上向善的灵性，释放潜能，彰显个性；唤醒学校和社会尊崇自由的生机，为师生自由生长保驾护航，让每一位师生成为幸福快乐、独一无二的"我"。

我带领团队积极建构儿童多彩课程，以个性化、多姿多彩的课程为儿童提供丰富、有趣、有益的儿童生活，把生动有趣、快乐和自由还给儿童。我们认为，儿童和儿童多彩课程"协同共振"，会产生有质量的共鸣；儿童在多彩课程中自由生长，课程也随着儿童学习生活的变化而不断生长，儿童和课程会一起自由生长。我们还认为，儿童多彩课程的构建和探索可以囊括社团、课堂等课改研究，可以通过多彩学堂、多彩社团、多彩评价等立体推进师生自由生长。

更美的风景在前方,我和我的团队在路上。纵然前路难免荆棘与坎坷,我们也会勇往直前。

(作者系四川省成都玉林中学附属小学校长)
(文章原刊于《人民教育》2015年第07期)

我有一个"芽"与"露"的梦想

王淑芳

小时候，我很"宅"，喜欢把自己关在房子里做自己的梦，当小说家，当图书管理员，当同学们喜欢的老师……

不知不觉中自己长大了，18岁的我真的成了一名老师，我的想法更多了。带着孩子们一起写童话，成立他们喜欢的俱乐部，用他们喜欢的方式提出各种各样的奖励，甚至想象着成为校长的自己又为孩子们开辟了一个新的活动场，我的这样和那样的梦交替上演着……

没想到，工作了15年的我真的在前任校长的推荐下，于2003年秋天成为一名校长。我激动地自言自语：我以前的那许多许多的想法可以有更大的空间去实现了。

当时在我的眼里，学校最重要的使命是培养孩子们高贵的气质，让他们从青少年时代起就有精神上的追求和高尚的人生目标。每一个人都可以选择做一个普通的人，和芸芸众生一样，过普通的生活，但他的修养必须是这个社会中最优秀的。我想，学校如果没有这样的想法，培养出来的学生一定会很平庸甚至很庸俗。

正好，在我当校长的第一个学期，区教育局组织校长论坛，我的一篇文章入选，但演讲时我临时把主题改为"我的雅行之梦"，我的演讲引起了争论。2003年正是课改初期，主张的是个性张扬，而我的主张是雅行。校长们的不认同引起我校教师的关注，为了自己学校的校长，他们群策群力，谈雅行，做雅行，寻求可行的雅行之路。

我们的想法很快有了思想和行动支撑。"雅行"，贵在雅，重在行，雅是行的标准，行是雅的体现。"雅行"是什么？雅者，不粗不俗，不卑不亢，温文尔雅，落落大方，君子风范。行者，践行之，心性外化之，言行举止合一也。中华五千年文明史，本身就是一篇雅乐华章，可资取材的宝物不可胜数，是每一个中国人灵魂的依靠。培养孩子"秀外慧中，知行合一"的雅行素养，是我们广小人的共同梦想。

于是，学校走道里的"中华五千年文明路线图"在"文化小导游"的演绎下变成了大世界；楼梯间的"星光大道"在"班级小岗位"的履职中使小不点变成了大明星；"开放式书廊"让孩子们有了朝读书、午习字、暮自省的交流场；西北角楼梯回廊成了"校园风景线"；"学生成长档案袋"成了小思想、小体验的收纳箱……校园就像一个大磁场，吸引着这里的每一个人。

学校不仅是梦开始的地方，还是让生命获得充盈的地方。师生来到这里就是为了生命价值的实现，为了生命的相互碰撞与激活。我们的"雅行沙龙"就此拉开序幕。学校的梦体现在每一个人的梦想中，大家把自己放在一个博大的世界中来认识自己、发展自己，从不同角度去认识别人、认识群体、认识世界，描绘心目中的雅行教育图景。

在师生的自由创意下，我们鼓励课程开发中学生和教师的创意与钻研，尊重教师教育活动的自由，尊重学生对教育资源的利用与选择。于是，2009年5月，我们正式推出了一套《雅行走天下》校本课程教材。这套教材分为《脚步的诗歌》《美妙的声音》《微笑的礼仪》《神奇的双手》4册。健身操和美体舞，经典诵读和音乐欣赏，文明礼仪和美丽英语，小实验、小制作和小家政等内容分列其中。至此，一个臻于完整的培养雅行基本素养的课程体系在广小全面铺开，其丰富的内容、多元的跨学科资源、灵活的学习方式和较为扎实的实施，成为推进"雅行文化"新的生长点。在这里，人是能动的，是主动构建的，更多的话语权、行动权由领导转向教师、学生，浸润到校园文化、班级文化、课堂文化、教师文化、学生文化之中。

在教师学生说雅行的时候，家长们开始说雅行了；家长们说雅行的时候,社区也开始说雅行了。雅行在师生、家长及周边社区中产生了很好的影响。我真实感受到:社会各界都在思考、关注下一代的健康成长,关注生活质量,关注过上有德行的生活。学校与社会、学生与学生、教师与教师、教师与学生之间的对话和交流,点燃着师生内心的火焰。大家从"被动的安排"到"主动的选择",学校终于转变为"保持人的意志自由的地方"。

在教育无法抗拒"链接"的时代,主动应用信息技术促进师生精神世界的完整绽放,还有更多的探讨空间,校长正是在这样的过程中成长、成熟……而我的心灵对话,"芽"与"露"的梦想,还在继续绵延、绵延……

(作者系湖北省武汉市洪山区广埠屯小学校长)

(文章原刊于《人民教育》2015年第07期)

我为什么越来越不会当校长了

柳袁照

教职工大会开成了沙龙，校长"退居二线"

新学期开学，我们将教职工大会开成了沙龙，主题是："语文课、数学课、英语课：我们怎么上好课？"在江苏省的高考模式中，是以语文、数学、英语3门总分划定招生分数线的，而会在物理、化学、生物、历史、政治、地理6门中选择两门为选修课程，以等第计算成绩并作为"门槛"，与语文、数学、英语相匹配来录取。因此，在实际教学中，语文、数学、英语显得尤为重要。这是一个真命题，也是一个伪命题。我们需要理性思考：真的是这样吗？应该这样吗？

面对这些问题，在沙龙上让教师开展充分的讨论、交流，畅所欲言，谈论如何上好数学课、语文课、英语课，绝不就语文说语文、就数学说数学，而是着重于它们之间的关系，不仅是语文课、数学课、英语课之间的关系，而是各学科相互之间的各种错综关系，让教师讲讲自己，了解相互之间的"自己"。大家放开来碰撞，在碰撞中进一步认识自己所教学科地位的同时，也认识其他学科的地位。

举行这个沙龙的时候，我们不仅局限于学校内部，还向家长开放，邀请家长参加，除了可促进家校之间的相互沟通，更使这个沙龙具有神圣感、庄重感。

我们之所以不把一般的开学教师大会开成泛泛的行政工作布置，而转为"大家说"的科学研究、课堂研究、学生学情研究，其目的是创设环境，突出教师的主体地位。比如这个开学沙龙，教师坐在台上，如何在特定时间内对本学科作简要准确的表达，而且是通识性的表达，是需要功力与精心准备的。

这样的做法不是第一次，而是形成了惯例。一段时间以来，我们已经形成了一个系列，还有"好老师大家说""好家长大家说""好学校大家说"等；也不仅是只有沙龙，还有教育教学的专题研讨会、现场会、经验交流会等，而校长退居到"二线"，是"导演"，更是"观众"。

我们之所以这样做，源于对校长价值的理解。

"好校长"不只是自己成长，而应在师生的美妙成长之中成长自己

校长的价值是一个简单的问题，也是一个十分难以回答的问题。是说普遍的价值，还是说特殊的价值？在当下的经济社会文化背景下，中小学校长的价值是什么呢？即我们的中小学真正需要一个怎样的校长？如何领导、管理一所学校？校长是以什么关系为前提存在的？包括与学校的关系、与教师的关系、学生的关系等。

我常喜欢打比方说明道理，假如校长是一棵树，他应该生长在哪里，以一种什么状态与形状生成？当下，提倡教育家办学无可非议，许多地方以培养"教育家型校长""名校长"为使命，许多校长也以做一个"教育家型校长""名校长"为奋斗目标，都是好事。

不过，我曾认真观察过自然现象，大树底下往往连草都不长。一个"教育家型校长""名校长"的出现，往往是以"强势"校长的状态、方式出现的，包括舆论的强势、"包装"的强势。他们的出现，对于所在区域、所在学校是一种风景——树大茂密，托天覆地。我并不反对校长做一棵大树，只是反对独占阳光雨露的树。为何一棵树长得好？土壤好还是阳光雨露好？占尽了地理优势，占尽了阳光雨露，当然会长得好，但那是以牺牲别人为代价的。

这种现象以"名校"校长尤甚。名校具有各种优势,包括历史的、现实的、内部的、外部的、生源的、师资的、硬件的、软件的、政策的、舆论的,等等。在那里当"教育家型校长""名校长"容易得多,有捷径可走。在"名校"当校长,有比别人多得多的培训、培养机会。这无可非议,关键是不能影响别人。

我今天所要说的,主要不是指学校对学校的影响,而是指在学校内部校长对教师的影响。常常听见说"一个好校长,就是一所好学校",此话说过了头,就是问题。一个"好校长"在,学校办得好;一个"好校长"离开、不在了,学校开始走下坡路、衰弱,这就是问题。一个"好校长",在学校"独木成林",这棵"独木"不在了,林子当然也就消失了。这样的现象比比皆是,缘由很多、很复杂,但也值得我们当校长的反思。

校长应该成为一棵大树,矗立于苍天之下,茫茫成为一景,成为一个有思想、能坚守、能变革,对多元文化既融入又超脱、善实践的"教育家"。这是从宏观上来说,面对日常校园内的办学实际,并不会如此浪漫与抽象。

真正的"教育家型校长""好校长",不只是自己成长,而应在师生的美妙成长之中成长自己;不是只有自己有机会,而是要留一点机会给别人,甚至要为别人主动创造机会。蔡元培在北京大学当校长时"兼收并蓄",北大当时出了多少"大家"!那是蔡校长给别人创造机会。又如白马湖畔的春晖中学,经亨颐先生当校长,自己成了教育家,手下的教师都是大师,如硕彦、夏丏尊、朱自清、朱光潜、丰子恺等,他们的名声甚至比经校长更大。

看一位校长是不是"教育家型校长""名校长",不仅看他自身,更要看他所在的学校,看他的学校是不是涌现了更多很好的"教育家型老师""名师"以及这些"教育家型名师"培养出了怎样的一批有情怀、有担当、有创造的学生。

校长的胸襟应该开阔,容得下别人在"这个校园里"成名

我们不能强求校长要培养出多少"名师"来,"名师"之所以成为"名

师",有诸多说得清又说不清的理由。但是,校长的胸襟应该开阔,容得下别人在"这个校园里"成名,创造出成才的美好天地。

我们学校的老校长王季玉,在她当校长期间,曾经聘请沈骊英做老师。当时费孝通、杨绛在一个班,而老师则是沈骊英。后来沈骊英被科学界称为"麦子女圣",连陶行知都崇拜她。她的学生费孝通、杨绛后来名声更是超过了老师沈骊英。而校长王季玉除了振华女校(苏州十中前身)的老师、学生知道她之外,几乎很少再有人知道有一个叫王季玉的好校长。

王季玉在任期间,还邀请了颜文樑当画图老师,那时颜文樑还是一个小青年,后来成为我国油画界的一代宗师。她还邀请了苏雪林、叶圣陶做国文老师、写作老师,他们的成长、成名是不是也与做振华女校老师的一段经历有关?还有杨荫榆、王佩铮都是一代大家。

我相信王季玉当校长期间,心里从来没有想过自己要当一个"教育家型校长""名校长",可我以为最终她比我们当下许多称为"教育家型校长""名校长"的强许多。我也相信她比她的那些"手下"老师的名声小许多,甚至比她的学生费孝通、杨绛、何泽慧、彭子冈、李政道的名声要小许多,但是她绝不会遗憾。这些名人大师在王季玉校长面前,也无一不弯腰鞠躬致意。

我无数次查阅历史,查阅校史,王校长只有几篇讲话稿存世。这样的人以自己做土壤、做阳光雨露,给师生以恩泽,能说不是真正意义上的"教育家型校长""名校长"吗?

我虽然在我们学校已经做了14年校长,但是对"校长"的理解,却还是很肤浅。校长对一个学校的影响确实不可低估,这种影响有积极的,也有消极的;会是深刻的,也会是表层的;可能是长久的,或是短暂的。如何影响一所学校?每一位校长都会不一样。有的通过"领导",包括"控制";有的通过"管理",包括引进企业管理的方式、途径;有的通过"经营",包括像强占"地盘"一样不断扩大学校的"实力""势力",等等。

如何做校长?我越来越感觉到自己不会做校长。校长有时并不能凭自己对教育和学校的理解、按照自己的理想图景去当校长。他需要坚守,也需要兼顾、妥协。尽管如此,我还是做了一定的"探求"。一是"放手",

自己退居到次要的位置上，在一些重要的学校活动之中尤其如此。二是"搭台"，给教师搭建重要的发展平台，要宽广而有高度。三是"采摘"，即及时发现、总结、提炼、推广教师的成功做法、经验，如从秋天丰收的果树上采摘丰硕的果子一样，大家分享。

什么才是校长的真正价值？这从蔡元培、经亨颐、王季玉等身上得到了充分的体现。校长的价值在于，通过自己日常领导、管理一所学校，从而使师生得到最好的发展。所谓最好的发展，是在一定的背景条件下，得到尽可能的发展，这种发展是美妙的，是真正意义上的、完整的、全面的生命生长，至于什么"型"、什么"家"都不重要。

当下已经不是蔡元培、经亨颐、王季玉的时代了，但我们同样需要新的探索与诠释，每一个时代都有自己的特点与个性。在这个时代，我们怎么做校长？这真的是一个很现实、很有意义的问题。

（作者系江苏省苏州第十中学校长）

（文章原刊于《人民教育》2016年第10期）

校长如何实现价值引领

翁光明

一所学校的价值思想很大程度上源于校长心中的价值取向和愿景。校长提倡什么样的价值理念，用什么样的价值规范来要求自己和师生，都将影响师生员工的精神风貌和成长走向，进而对学校的文化形成产生深远而潜移默化的影响。

2012年年底，我从教育局机关下派到一所城乡接合部的普通高中担任校长，学校当时发展滞后、状态低迷、质量滑坡，社会认可度比较低。如何带领学校走出困境，重启光明，是摆在我面前的一道重大课题。

学校提倡什么、反对什么，一定要鲜明

我所在学校的艺术教育有较好的基础，在区域内有一定影响力，但未成为学校特色。一方面，由于生源问题，加之所处地理位置的因素，之前学校追寻"成功教育"，却难以实现目标要求，无法引领发展；另一方面，作为田家炳学校，田家炳精神文化还有待进一步挖掘……担任校长不久，我开始认真思考学校的文化价值构建问题。

我深知，学校文化应当始于师生内在的精神追求，且符合学校生长的内涵气质。它建基于学校实践，综合学校发展的个性元素，既体现传承与借鉴，又着眼发展与创新。校长的价值理念倘若抛开学校的内外部条件，

生搬硬套，奉行"拿来主义"，必然不是源于学校自身文化本质，也难以形成真正适合于学校发展的个性化办学理念。

办学理念是学校文化的核心。在广泛征求师生意见的基础上，学校广纳贤言、集思广益、精心归纳、全面总结，最终确定了"向着美的方向生长"的办学理念，既体现教育的价值性、过程感，又体现发展的方向感、特色化。在此基础上，我们全面梳理出了学校文化架构——"让师生过完整而幸福的教育生活"的办学宗旨，"履义崇仁，自强不息"的校训，"博爱、博学、博雅"的校风，"仁者气度、学者气质、智者气韵"的师风，"问学、勤学、乐学"的学风，总结提炼了江苏省泰州市田家炳实验中学文化20条，发布"美誉学校、美妙课堂、美好学生、美丽教师""四美宣言"。

校园文化的明晰让广大师生对学校"培养什么人，怎样培养人""提倡什么、反对什么"，有了更加理性的认识和对照依据，文化的价值引领作用得到充分发挥。

龙应台在《文化是什么》中写道："（希腊）老农在刷白了的粉墙边种下一株红蔷薇，显然认为美是重要的，一种对待自己、对待他人、对待环境的做法。"学校文化又何尝不是长在传承与创新土地上的粉墙边的一株红蔷薇呢？

学校管理说到底是人的管理，要让每一位师生"寻找"到最美的自己

在中国的传统文化中，管理总是以"管"为主，这种自上而下的管理理念使很多校长把管理的价值取向定位于建立"规范"和"秩序"。

在踏上校长岗位之初，我也曾陷入深深的困惑之中："我如此投入，怎么还有这么多不理解呢？"一次偶然的发现让我对学校管理有了新的认识。

刚到学校上任，正值年底，我第一个走访慰问的是学生宿舍传达室，看宿舍的老张激动不已，连声说"没想到校长会来看望"。之后，大家反映老张工作更认真了。工作日期间，老张有意无意地会在我经过的宿舍楼前的路边和我打招呼，寒暄几句，几无间断。至此，我才真正认识到，学校管理的对象是人而不是物，人是生动的、发展的、社会的、个性的，学校

管理要让每一个教职员工发现自己、唤醒自己、成就自己。

我在学校管理中树立"每个人都很重要"的管理理念，关注人的情绪，满足人的需要，尊重人的价值，引领人的发展。在这样的管理价值引领下，元旦师生联欢会上出现了勤杂工的身影，年终表彰会上食堂师傅获得了育人单项奖，从行政人员到勤杂工，从中层干部到普通员工，人人都能找到自己应有的位置，人人都能感到被尊重的温暖。

学校向教师倡导这样一种价值：教师是一种使人类和自己都会变得更加美好的职业，其价值不在于升官发财，而在于成全他人、成就自己。我们开展寻找包括勤奋刻苦型、减负增效型、倾情育人型、科研创新型、任劳任怨型、家庭和谐型等美丽老师活动，"人人美好、个个美丽"成为大家共同的追求。

学校对学生实施"全纳教育"管理，不抛弃、不放弃任何一个学生。通过全方位帮扶、滴灌式栽培、个性化培养，采用分层教学、分类指导，让基础一般的学生能够考上本科、重点院校，文化课薄弱、有一定艺体特长的学生发挥特长考上艺体本科，有的还考上了全国著名院校。

在施行绩效工资考核的背景下，学校管理面临新的挑战，我们创新学校管理方式，构建"目标细化、过程硬化、考核量化"的管理模式和评价体系，各项工程均明确指导思想、目标要求、具体工作、时序进度和保障措施。学校将年度目标分解落实到分管校长和相关部门，明确部门、班级、班主任及教师的职责和要求，各部门按规定每月在网上核实公布量化考核结果，用公平、公正的绩效杠杆推动各项任务的圆满完成。在校园内形成外有压力、内有动力、充满活力的工作氛围，让公平公正的管理价值引领得到充分的体现。

"高效明晰"是学校管理价值引领的重要方面。为消除落实学校政策"中梗阻"的现象，提升管理效能，学校降低工作重心，重视年级组职能建设，成立由中层处室成员、教师代表、家长代表共同组成的年级管理委员会。"年管会"下设办公室负责日常工作，分管校长走进教师队伍，直接蹲点年管会工作，一线发现问题，一线及时解决问题。学校又将部门和年级组可能交叉的27项工作列出"权力清单""工作明细表"，明确牵头单位，实现管理的责权利的统一。

主体参与、适性发展，是课程改革的基本价值取向

学校教育的目标、价值主要通过课程来体现和实施。

学校原有课程缺乏顶层设计，庞杂无序，学生不感兴趣，"客随主便""就菜下饭"的现象比较普遍。经过探讨，我们认为，课程开发建设必须寻找到一个可以连接不同课程的纽带，这个纽带具有基本性、必备性，起关键作用，同时课程建设必须基于学生需要，体现学生需求。最终我们把学生核心素养的培育作为整个学校课程的灵魂，把"主体性、发展性、多样化、可选择"作为课程建设的原则，统整学校课程规划和建设的各个要素，建设实质关联、有质量的素养课程体系。

从2014年起，学校探索建立完善基于学生核心素养的课程体系，从结构上分成三个层次：基础课程、校本课程和定制课程；从内容上分为"1+3+7+X"，构建"学生核心素养"一个中心，"人与自然、人与社会、人与自我"三个维度，"道德素养、语言素养、人文素养、生活素养、科技与信息素养、健康素养、艺术素养"7个方面，田家炳精神教育、礼仪教育、异域文化、创意写作、职业规划、网络达人、环保卫士等近40个课程集群。同时，由学生"点菜"，学校"下单"，开设播音与主持、电视编导、舞蹈、摄影、动漫等定制课程，用购买服务、名师走教、院校共建等方式解决紧缺师资，为有特殊需要的学生设立课程，真正实现为每一个学生提供可选择的教育。

课程价值取向不仅是课程建设的价值，更包含课程实施过程中传授方式、方法的价值取向。

在我进校之初，学校课堂授课模式一成不变地沿用整堂课教师"一教到底"的传统授课模式，师生累，效率低。我力排众议，在学校各科全面推行"基于问题三问三学"思维课堂教学模式，积极追求高效、智慧的课堂教学模式，努力形成课堂教学特色。通过"以问导学""自问促学""设问测学"三个环节，以问题为载体，以思维为核心，更好地整合课堂，让学生更大程度地参与课堂教学，发挥课堂主体地位，从而提升课堂教学效率。学校所有学科均深入开展"基于问题三问三学"思维课堂教学模式的探究和实践，课堂效果逐渐显现。现在的课堂，学生活动多了，学生学得轻松了。

波兹曼（N.Postman）指出，"一旦你学会了如何问问题，你就学会了如何学习"，它能造就"一种迥然不同、更为大胆、更富有潜力的理智"，也是生存于这个飞速变化的时代的重要工具。这也正是我们课程教学实施改革过程中重要的价值追求。

（作者系江苏省泰州市田家炳实验中学校长）

（文章原刊于《人民教育》2016年第10期）

校长的价值领导力从何而来

曾祥琼

2015年7月,我参加了本区教育系统第一届中小学校长公开遴选活动。经过激烈的竞争,我中选了,教育局将一所在建小学交给我。从事学校行政管理工作已有15年,人到中年迎来教育生涯的全新局面,于我而言既是机会又是挑战。

这是一所位于城市建设新区的学校,生源既有拆迁小区的失地农民子弟,又有周边高端商住楼住户的孩子,还有进城务工人员随迁子女。这样一所生源较复杂的学校,我将如何定位学校的发展方向和培养目标?我将怎样带领学校走好走实,步入可持续发展的道路,促进师生的成长成功?是扬起权力的鞭子,还是举起思想的旗帜……一系列问题摆在面前。

我知道,"校长是一所学校的灵魂",校长的人格修养、教育思想和办学理念就是这个灵魂的作用所在;我也知道,校长的办学价值取向要符合党的教育方针、社会的主流价值观,要符合学校的实际,还要符合教育发展规律;我还知道,只有用价值驱动去治理学校,学校才有发展的内驱力。

新学校还在建设中,组织机构尚未形成,作为一名准校长,修炼价值领导力是我首先要做的功课。

在学习与反思中提升校长的价值观修养

要准确地定位学校的价值目标，需要校长不但有较高的价值观修养，还要有一定的教育理论水平，对教育本质和学校发展规律有系统而准确地把握。反思自己，虽然有多年的学校行政管理经历，但由于都是涉及教育教学的业务管理，全局意识、政策意识、教育理念比较缺乏。知不足而后补，新旧学校交接的空窗期，我有足够的时间去学习与反思。

我首先开启学习模式，从提高自己的个人修养、完善人生价值信念开始。中华传统文化博大精深，加强人格修养需要到传统文化中汲取精神养分。机缘巧合，我加入了一个"晨诵晨跑打卡群"，与沿海发达地区众多优秀的校长相遇。晨诵《论语》成了我们每天唱晓黎明的必修课，清晨5点多众群友准时问安，然后朗诵半小时、晨跑半小时。在一轮一轮的晨读中，孔子"因材施教""有教无类"等教育思想渐渐地印于脑海，"为学之道""处世之学""君子之道"悄然在意识中明晰，在言行中生长。我深知自己的不足，做事自我要求高，有完美主义倾向，但有时面对外界的纷扰又不够笃定，总怀疑自己的想法，其实这就是自己的价值信念不坚定的表现。读《论语》让我明白，不论是为人处世还是管理工作，只有努力以"温良恭俭让"修养自己的心性，内心才会更加豁达，与人相处也才会更加融洽，作为校长的引领作用方能显现出来。

身为校长，丰厚的教育理论和深刻的教育思想是必不可少的。虽然平日里也喜欢读点杂志或微信中的教育文章，但碎片阅读终归是浅阅读，构建教育理论体系还需要系统的深度阅读。美国教育哲学家杜威的《民主主义与教育》是我已经细读两遍的教育典籍。透过艰涩的文字，我读出了"教育即生长""教育即生活""教育即经验"的不断改造的真正含义，惊喜地发现，"儿童中心论""学习构建主义""做中学"等当今中小学新课程改革所倡导的教育理念，其实杜威早在一百多年前就提出来了。教育经典的价值就在于不仅指出了教育该怎么去做，而且揭示出为什么这样做，让人在理解中去实施符合教育规律的行为。新的发现让我更坚定了自己阅读教育经典的决心，即使啃读起来很困难，但也乐此不疲。

广泛阅读，既要读教育类的"有用"之书，还要读人文社科、自然科学的"无用"之书，跳出教育看教育，从更广阔的视角认识教育本质，系统掌握社会主流价值思想，建立全面、正确的价值体系。

在学习中积累，在交流中反思，新校的价值定位已慢慢在脑海里萌发。在国学思想的熏染中，我想到了"蒙童养正、果以育德"的育人目标。"养正教育"可培养孩子的规则意识，但似乎又缺乏对孩子天性的呵护。我希望学校是孩子们幸福成长的乐园；"生长教育"可以顺应孩子的天性，激发其潜力，促进孩子自主发展，但似乎过于理想化，孩子的习惯养成又如何保证？释义校名，我和老师们从校名的"北星"二字中挖掘出恒定指引的寓意，"仰望星空，脚踏大地"的思想可以引申出既培养孩子的远大理想和探索精神，又要教育孩子心里装着规则，踏实学习，快乐成长，但似乎有空洞之感……灵感如汩汩的清泉不时冒出，每一种构思都有利有弊，似乎不完美，但它们又都是学习思考的结晶。闪烁的思想总是稍纵即逝，唯有记录下来，方能进一步思考下去。

在教育思想的引导上，千万不要越俎代庖

多种思路汇集而来，但我知道学校的价值体系不可能面面俱到，必须正确、凝练、切实而又个性突出。

如何整合与提炼？顺着思维的惯性，我险些迈入越俎代庖的境地。恰逢此时，我参与了成都市新都区教育局对各中小学办学理念的知晓度和认同度的调研活动。

调查结果显示，师生对学校的办学理念的知晓率达90%左右，而认同度却只有30%左右。为什么知晓率与认同度的悬殊如此之大？究其原因在于构建过程出了问题。我们请专家倾情打造的、校长一己之力设计的、小范围教师参与讨论的做法都忽略了民主参与的原则。小众人群的意志并不代表大家的意愿，强加只能增加反感，即使正确也不一定认同。

一种刺激要引起人的反应，须借助一定的环境进行传递。校长的教育

思想要想植根于教师的心中，需要营造浸润的环境，更需要认知的碰撞与融合。全员参与、民主构建显得尤为重要。

如何更能激发教职员工参与的热情？美国管理学家斯蒂芬在《管人的真理》中提到，激发员工民主参与的热情必须满足四个条件：第一，应该有足够的时间让员工参与；第二，员工参与的事项与他们的自身利益紧密相关；第三，员工应该有参与的能力；第四，组织的文化应该支持员工的参与。对照以上条件，一个细致而清晰的民主参与的构建规划在脑海中浮现。

新校开学，我用半学期时间分层推进构建过程。第一步是学习动员。首先召开全体教职工大会，宣传构建学校核心价值体系对学校发展的重要意义以及学校文化建设相关知识。同时，也将自己对教育的理解，对学校发展的思考跟老师们交流，提高他们的认识，激发他们参与的热情。第二步是调查了解。采用观察、访谈、座谈等方式，了解教师对学校发展方向与培养目标的认识、思考与愿望，梳理出他们的意见。结合自己的思考，精心设计一份较完善的问卷调查表发放到每一个人手中进行调查。第三步是梳理整合。根据问卷情况认真梳理出教师的建议，整合意见设计出具有代表性的若干方案。第四步是讨论筛选。将梳理出的若干方案分发到各学科教研组进行讨论，采用淘汰筛选法选出大家最认可的一种方案。第五步是完善方案。将选出的方案再次发放到各学科教研组进行补充修改。各组完善后，召集各学科教研组代表再次整合各组意见形成较详细的方案。第六步为教代会审议通过。

一位哲人说过，一个人很难拒绝由自己参与作出的决定，不挥舞权杖的决策才是最安全的决策。

通过校长引领、全员参与、分层推进，教师潜移默化地将个人发展愿景与学校的价值理念融合起来，正所谓"参与的过程就是教化的过程，构建的过程就是认可的过程"。民主参与时，校长的智慧还在于组织、激发、引领和协调。

因为参与面广，难免出现各执一词、意见不统一的现象。处理民主与集中的关系时，校长既要保护好每个人畅所欲言的安全感，又要关注到精英人群的独到见解，提取最有价值的观点，适时进行价值导向。

再饱满的种子，只有落地才能生根；再完美的价值体系，只有在学校的实际工作中才能开花结果。

现实中，不少学校的办学理念往往是一纸空文，束之高阁，说做"两张皮"，学校工作看上级领导的指挥棒，"应试教育"的单一价值评价在学校大行其道，老师辛苦、学生厌学，学校教育误入歧途。将正确的价值体系渗透在学校各领域的工作中，浸润在师生的言行之中，便成为当务之急。

学校对学生的培养总是通过各种各样的课程来完成的。设置丰富多彩的课程，让学生根据个人兴趣自由选择，是落实学校办学理念的一种有效途径。

我们整合国家课程，结合学校实际设置出价值多元、形式多样的校本课程，供学生选择，促进学生个性发展。比如，结合校名"北星"构思中的"启明教育"理念；围绕"找到生命的北，做最亮的星"，既可以挖掘出艺术的元素，又可以开发出科创特色课程，还可以在德育与教学中围绕"星星点灯"的主题拓展出"星阅读""星展台"等课程，培养学生自主学习、自我悦纳、自主创新的品质……一切都在构思中，理念与课程的结合有待新校落成后与老师们从长计议。

（作者单位系四川省成都市新都区汉城小学）

（文章原刊于《人民教育》2016年第10期）

如何走出"办学理念"误区

孔凡哲

办学理念的种种"不合时宜"

当前,中小学校的办学理念凌乱、理念与实践"两张皮"现象严重。据报道,湖南省政府教育督导室 2012 年对长沙市 21 所省示范性普通高中进行了督导评估并公布有关分析报告,"其中 5 所学校的办学理念是'为学生发展奠基',有 7 所学校是'以人为本'或'以学生为本',办学口号存在趋同化倾向"。这是一个带有普遍性的问题。

此外,中小学校的办学理念还存在过度超前、形式主义、缺乏个性、刻板僵化和缺乏整合等问题,具体表现为:办学理念高高在上,而具体行为则各行其是。

办学理念善变多变,缺少继承和文化积淀。许多中小学的办学理念"如同时装一样不断变换、永追新潮"。究其原因,一方面,校长频繁更换,每任校长总要出"新花样",制定"新举措",提出"新理念"。但由于缺乏深入思考,特别是对学校文化缺乏足够认识,导致频繁换花样,执行者疲于奔命。另一方面,校长缺乏主见,今天听某位专家报告提出一个"理想观点",就心血来潮想出一个"新理念",明天外出参观某校,又有新灵感诱发"新理念",导致办学理念时常更换,而日常工作"涛声依旧"。

办学理念与其子项目前后冲突,甚至自相矛盾。如某校以"做一个有责任的人"为办学理念,细化为"学会做人、学会读书、学会心畅、学会健体、学会博趣、学会求知",但细细品来,两者之间既不能相互包含,又存在相互交叉,用后者无法诠释、细化"做一个有责任的人"。

办学理念抄袭,趋同现象严重。这种现象在全国比较普遍,背后传递了一个信息——从经验办学到教育家办学,还有很长的路要走。

办学理念不伦不类,既缺乏科学依据,又无法付诸实践。在某省会城市的一所小学,新上任校长从某所名校倡导的"主动发展教育"中"深受启发"。随后,将"主动"作为办学理念,称为"主动教育",解释为"让学生主动接受教育",细化为"每天让学生主动接受教育管理者的管理,每天让每个学生主动接受任课教师的课堂教学,让每个学生主动接受班主任的教育"等,令人啼笑皆非。

理念与现实,为啥"两张皮"

每一位教育工作者都有自己潜在的教育理解,无论是官员出身的校长,还是基层磨炼出来的校长、学者型校长,都有自己固有的教育理念和管理理念。有的校长能够清楚表达,自觉践行,表里如一,而不少校长或不能清楚表达但默默实践,或既不能清楚表达又不能始终如一地实践,理念与现实"两张皮"。这些现象背后,存在诸多必然因素。

"问题"学校的办学理念仅仅是一个口号,不是基于学校长期积淀的文化,也不是源自校长自己深思熟虑的教育理解,而是从别处直接"拿来的"。

的确,从以往的经验办学到今天倡导的理念办学、走教育家办学之路,我国中小学校长整体水平大幅提升。但当前一些教育观念依然严重滞后的校长往往仅凭片面理解就选择一个华丽辞藻作为"办学理念"。这些口号式的"办学理念"并非源自学校长期成功办学的文化积淀和合理升华,也就很难走上一条正确的办学之路。

理念塑造文化,而准确的价值表达及其恰当的传递方式,才可能有效提升教师的道德影响力、执行能力、服务学生的能力、团队协作能力,才会构建出美好的校园文化。

可见，切实提升校长自身的教育认知水平，及时用现代教育观念更新自身对教育的认识，成为当前中小学校长不容忽视的重要任务之一。

频繁更换校长导致学校文化积淀过程时断时续，学校的办学思路、管理政策无法合理延续，短期内无法用好的理念统领学校已有的成功实践。

长期以来，我国对于中小学校长的管理一直采取行政管理（而非专业管理）的方式，仅仅将"校长"作为一个领导岗位而非专业岗位来管理。

某地一位家长在博客中感慨："一中又换校长了吗？如此频繁地更换校长，对学校的发展、学生的成长有什么积极意义吗？各机关单位任职几乎都有一任的规矩，难道校长连一任都当不了？学校发展3年一个周期，一中的校长貌似还未到一任，他对一中的发展起到的是推动还是制约作用？"

事实上，校长也是专业岗位，必须由"懂行"的人来担任，强化校长的专业职能，适当弱化其行政职能，是提升校长领导力的关键。

2013年，教育部颁布的《义务教育学校校长专业标准》明确规定了国家对义务教育学校合格校长专业素质的基本要求。将"校长"作为一个专业来看待，不断提升校长的专业水准，是当前亟待解决的任务。

先进的办学理念无法真正转化为教育教学行为，导致办学行为与办学理念严重割裂。

办学理念不能转化为具体的办学行为，有的是因为缺乏科学依据，有的则是"办学理念"仅仅"挂在墙上"，还有的是教育理念"高射炮打蚊子"，无法对教育实践起到应有的引领作用。如某名校将"幸福教育"列为办学理念，自我诠释为"让每一个学生都享受学校教育的幸福和快乐"。理念的确美好。但是，数年实践下来，始终无法走出瓶颈——"上不去，下不来"，其根源在于无法将"幸福"落实到具体的学科教学之中。

不少校长的理论修养薄弱，办学实践仅停留在原理的应用层面。

当前，我国中小学校有相当一批校长是典型的实践家，但理论修养薄弱，仅停留在原理的应用层面，难以上升到自我创生的层次。

在陶行知看来，"一个真正有使命感的校长，一个真正一流的教育家，一定是'敢探未发明的新理'和'敢入未开化的边疆'的人""校长要有自己独立的学校观,要做一个行动的校长",这些观点在今天依然有显著借鉴意义。

当然,究竟如何产生校长?什么样的机制更科学?任期多长为宜?国内外尚无令人信服的结论。但必须高度重视专业属性在其中的突出位置,才能有力地发挥校长对学校教育的正向推动作用。

如何提炼好的办学理念

办学理念并不是对学校具体工作的描述,而是集中体现了一所学校的办学理想和教育价值追求。

呼唤"顶天立地"式的理念设计。"顶天立地"即基于本校长期的实践探索,进行适当理论提升,并恰当切入现代教育理念。

建议各级校长培训机构切实加强校长对现代教育理念的系统学习,使办学理念的提炼在理论上"站得住脚"。同时,学校办学理念的设计、提炼,需要在科学规范、梳理学校办学传统的基础上,广泛征求理论工作者、本校师生的意见和建议。切实将办学理念提炼的过程,变成全体教职员工思想碰撞、达成共识的过程。

建立研究团队,开展"基于理论的实践探索"与"基于实践的理论提升"。当前,不少校长每天忙于处理各类突发事件,应急式、"灭火机式"的工作方式,令其无暇顾及自身理论水平的提升。

学校可建立一支能够横跨理论与实践两大领域的研究团队。在"基于理论的实践探索"中,选择恰当的理论,并从学校实际出发制订切实可行的理论应用方案;在"基于实践的理论提升"中,寻找理论专家的学术支持,可邀请专家临床诊断、实地考察、指点提炼。

开展大学(科研机构)与中小学校伙伴合作研究。20世纪末,香港地区率先开展"优质学校计划",广泛开展大、中、小学伙伴合作关系的实践研究。此后,内地也陆续开展起来,来自大学(科研机构)的专家、学者与中小学师生一起开展行动研究,对学校改进确实起到实效。

及时梳理本校成功的办学、管理经验,并以恰当的理论贯穿其中。办学理念是统领学校教育教学行为的纲领,只有物化在学校的教育教学行为之中才有意义。其一,办学理念必须与培养目标吻合,也可以是细化和具体化的培养目标。其二,办学理念必须是学校办学特色的高度概括,并已经被具体化为学校教育教学的方方面面。其三,办学理念必须有一定的教育理论作支撑。办学理念不仅仅表现为一句话,不是为了用来应付检查、招生宣传。理念的背后蕴含着教育的理性认识和价值追求,它可以体现出学校文化的核心价值观,是学校决策者对办学目标和特色的取向所作出的选择,并为全体师生所接受的共同观念。

(作者系东北师范大学教师教育研究院副院长、教授)

(文章原刊于《人民教育》2015年第08期)

辑二
把校长当作一门"学问"来做

校长，如何成为一名专业行政领导

林卫民

校长要以安静的心态面对别人的问题，去鼓励别人的心灵"破壳"

校长不只是优秀的专业教师，虽然常常是因为"教而优则仕"使你成了校长，但并不意味着用专业教师的思维和处事方式去领导学校，一定能够取得成功。

有一位校长跟我聊，现在的一些老师上课"功力"不行。有一次，他听了同学科某老师上的课之后，毅然决定第二节课由自己来上，然后与该老师讨论应当如何上好这类课。

显然，这位校长没有跳出"专业领导"的处事方式，如果你是一个"专业师父"、学科教研员，这样的行事方式或许没有什么不妥，但作为一个校长，你更要考虑的是，每一个人内心深处都有一位潜在的自己的导师，一个人的进步要依靠这位"内心潜在的导师"出场。

作为校长，要以安静的心态面对别人的问题，去鼓励别人的心灵"破壳"，不要简单粗暴地对待教师专业的不足，而是允许别人的心灵以他自己的水准和速度去自行发现不足、问题以及应当努力的方向。

校长应当投入精力去设计学校组织的学术活动机制，让每个学科教师在"服务于共同体指向"的专注思考中，听到自己"内心潜在的导师"的话语。

成功的学校并不是"简单一团和气"的学校

校长也不是一个纯粹的行政官员,可能你是因为"勤而优则仕"成了校长,你在教育行政机关表现优秀,然后下派你到学校当校长,这并不意味着用通常的行政官员的思维及行事方式去领导学校,一定能够取得成功。

有一位校长跟我聊,学校中的一些老师包括一些专业特别优秀的老师,没有基本的行政规矩,对于一些"行政潜规则"毫无知觉。在机关,领导要求的,作为下级必须努力将这一要求完成,而在学校,对校长的要求总有异样的声音,总是在问"为什么""凭什么",对校领导的决定和校长的指令常常抱怀疑的态度,甚至"不把校长当校长"。

显然,这位校长没有跳出"行政领导"的处事方式。学校与行政机关的环境、组织结构有着明显的差异,复杂性、多样化、差异性是学校的环境和组织结构的特点。

虽然学校也需要像一般组织那样的行政规矩和规则,但更重要的是基于教育本质内涵的"教育的良知"或"教育者的良知"。在师德约束的最基本层面上,教育的良知要求教师在做决定时更多地考虑学生的利益,而不仅仅是出于教师自己的愿望或校长的行政指令。

正如"将纤薄脆弱的芦苇编织起来,能够做成结实得足以盛放重物的篮子",当教师们的许多微小的克制、善待孩子以及对学生、同事的体贴编织到一起,就形成了一个和谐而繁荣的"学校教育场"。

在此前提下,表面上的非教育本质方面的"动荡"虽然是一种麻烦,但冲突与压力对于解决学校教育教学以及管理、服务中的技术问题有很大帮助。成功的学校并不是"简单一团和气"的学校,处在一定程度上的冲突或许是保持学校活力的秘方。

我见到太多的负责任的下属干部,他们有一个错觉,认为其他教师都不像他们那样"好心":不那么诚实、负责任、关心体贴和遵守校规,表面上在爱学生实际上可能是为了赢得家长的回报。"把所有教师作为经济人进行描述,看作比人性和教师职业专注的实际情况更加精确",这样的倾向常常产生言过其实和管理过度的局面,从可持续性角度来看,将会对学校事业发展产生不利的影响。

校长如果只有控制心态并固执地利用特别强力的控制手段,最终学校会变成简单的、机械的、表观上完美的组织,这与学校组织追求的品质内涵是相悖的。

当了校长,意味着你是一个专业行政领导,不是专业领导也不是行政领导,而是专业与行政融合的领导。"教育的外行并不等于教育管理的外行,管理的内行并不等于教育管理的内行",懂教育的专家去做教育管理必须学好管理,懂管理的专家去做教育管理需要了解教育,因此,有了校长称号的教育行家,还需要更加努力去修炼自己的管理知识和能力;懂行政的官员去做校长,还必须了解教育和学校的现实与本质内涵。

校长要在教育教学标准基础上建立并保护教师的专业独立性

如何使学校组织既强调标准、规矩又充满活力,能够积极地应付复杂多变的环境?答案只有一个:教育教学技能的标准化。

当教师有了"深刻"的教育教学技能,当管理者富有实践经验时,处理很多教育教学上的事件、日常管理上的事件,自然会有直觉的方向感,知道哪些必须坚持,哪些有必要妥协甚至必须尽快放弃。

教师从事的是以独立性为特征的专业工作,这样的组织结构中,对教师的培训和思想影响是非常重要也是非常复杂的事,拥有教师资格证并不保证一定具有作为教师所需的知识、技能和操守,培训和思想影响要长期进行下去,并从中建立起教育教学技能的标准化。

教育教学技能标准化是一系列标准技能的综合体。"优秀专业人士在工作中得到的快乐并不仅仅是来自解决难题,还包括灵活应用一些技巧解决他们知道结构归属但并不熟悉具体情况的问题。"只有在教育教学标准基础上建立并保护的专业独立性,才能使教师获得更多的工作激情和活力,否则,自由散漫就会逐步滋生。

校长的战略影响力需要在非正式场合的沟通中达成共识并逐步扩展影响面

校长作为专业行政领导，面对的是两套行政管理层级，一套是民主化的、自下而上的专业人员层级；另一套是科层化的、自上而下的支持人员层级。因此，除了动脑筋运用足够的领导智慧使"教育教学技能的标准化"落到实处之外，还要处理以下一些情况。

一是用大量的时间处理组织中的混乱情况。学科教学之间、学科教学与德育之间，即使你考虑得再精致，常常也会感到漏洞百出，各个部门所管辖的边界常常会发生冲突或者空白，协调的事几乎每天都要进行。校长每天在学校巡视，时常会看到一些区域有开裂的开关甚至是裸露的电线，剧烈闪动的白炽灯，破落的大理石，即将掉落的壁画，被堵住的下水道，教师餐厅明显的卫生瑕疵……而且，这些事的发生不只是在校长发现当时，破落的现象已经有一周或更长的时间了。无论多么强调精致、完美，粗糙的管理总是发生在眼皮底下。

二是做好服务，充当组织内部的专业人士与组织外部的相关行政人员之间的桥梁，为专业人士排忧解难，甚至帮助其就有关专业事宜、有关教职工切身利益的事宜，进行必要的公关。一所学校最值得尊敬的是那些奋斗在第一线的教职工，尽管确实存在一些不负责任、水平低下的教师和懒惰的员工，但学校之所以能进步而且业绩明显，仍然是因为有相当多的教职工是在认真履行他们的职责。校长应当充满敬意地看待那些诚恳工作并拼命努力的教职工，不断消除那些欺负教职工的官僚现象，尽最大可能去解决教职工的现实问题，特别是要做好帮助教师专业发展的事项及与外部行政人员联系的事宜。

三是依赖非正式的权力，并运用巧妙的办法对专业人员施加战略影响力，以促进教育教学技术标准的构建和提升。管理在技术上是简单的，而在人际关系上却是复杂的。"打造良好的人际关系是组织成功的基础"，校长应当熟练掌握建立信任型关系的技巧，包括表现出对教师的真实关切，对教师的关注点感兴趣，意识到教师私人的兴趣，愿意按照这些关注来行动，获得合乎道德的成果，等等。战略影响力不是在正式宣讲中完成的，更多的是需要在非正式场合的沟通中达成共识并逐步扩展影响面，其扩散效应是放大式的。

有意思的是，专业人士对高效的专业行政领导会产生某种依赖性。作为校长，你完全不需要时时施威，更不必恐惧教师忘却你是一个校长，只要你做到办事公正高效，专业人士对你会特别信赖，权威和声望会自然形成。

（作者系北京外国语大学校长助理、北京市北外附属外国语学校校长）

（文章原刊于《人民教育》2016年第07期）

校长职级制改变了校长生态环境

李升全

如果不是校长职级制，已是副县级、在一所有着近万人的职业学校任党委副书记、副校长的我，怎么也想不到会到一所只有几十名教职员工、陌生的特殊教育学校去任职，开启人生的另一扇窗。

从校长后备人才到考选成为校长，从初级校长成为中级校长……一路走来，回顾走过的路，细细反思这几年，担任校长之后最大的变化是什么，竟一下子思路凝滞，想说的很多——校长职级制，带来的冲击、挑战，带来的对人生定位、对职业的理解都是前所未有的。山东省潍坊市实行校长职级制，不仅是制度的"破冰"，更为校长走向专业化"扬帆"。

后备校长，校长职业生涯的"新阶梯"

在潍坊，要想担任校长，必先进入"校长后备人才库"。这个"库"容量并不大，但能量很大，"库"里的人都是层层选拔的学校精英。作为校长职级制的配套工程——校长后备人才库的建立，是校长职级制的制度基础。

2009年，我也进入了"库"中。那时我对是不是校长后备人才抱着无所谓的态度，因为我认为校长任命权在上级领导手中，校长后备人才库也就是做做样子，面子工程而已。

然而，我错了。校长必须从后备校长人才库中选，更为重要的是，校长后备人才库奠定了校长走职业化的思想基础、专业基础。

每学期两次的校长后备人才培训，让我们这些"后备们"从思想上接受了"正能量"。当时的我可以说"功成名就"，有船到码头车到站的思想，想着过几年安稳日子，就可以退居二线。经过多次的学习，我领会到，校长职级制不单单是校长摘去了"官帽"那么简单，更多的是赋予我们使命——为教育贡献自己的能力。

校长怎么当，怎样才能当一名好校长？校长后备人才的历次学习培训，又让我认清了许多模糊认识。专家学者的讲座、优秀校长的"言传身教"，让我懂得了如何做一名优秀的校长，掌握了成为职业校长的专业基本功。

实施校长任职资格准入制度，公开选拔、系统培养后备人才，建立的人才储备机制和成长机制，缩短了新任校长的过渡期和适应期，促进了优秀人才脱颖而出，也用制度卡住不适合做校长的人通过各种关系介入管理岗位，实现了"庸者让、能者上"。

多元平台，校长成长"新引擎"

2013年7月，经过校长后备人才的思想储备、专业储备，我参加了潍坊特教学校校长的招考选拔。这次招考，全部由第三方机构组织，采取专家遴选的方式，经过笔试、面试、答辩等几轮的选拔，我有幸成为潍坊聋哑学校的校长。

担任校长之后，面对新问题、新业务，如何"平稳着陆"？作为校长职级制的重要组成部分——校长成长平台，把校长们扶上马，再送一程。

教育行政主管部门为校长们搭建了学习平台，从学校治理、校园安全、课程建设、党的建设、廉洁从政……实现了"菜单式"培养。以前对校长课程力的理解不够深，对课程的内涵和外延还有些模糊，听了专家、优秀校长的讲座，有一种豁然开朗之感。对于听障学生的课程开发，对满足每一名听障学生的课程需求，有了深刻的认识。后来，我们成立了课程建设委员会，构建起适合听障学生的课程。例如，面对老化的聋校国家教材，实现二次开发，借鉴普通学校、青岛聋校的课程，再次进行整合；针对言语康复训练和职业教育的听障学生，开发了专业课程，继而开发了活动课程、素养课程、送教上门课程等，实现了体系化、个性化、多元化，不仅满足了学生成长，还带起了一支队伍。而我本人也在课程开发过程中体会到了专业成长的快乐。

不仅有学习平台，还有交流平台。如每月一次的"北海论坛"，校长坐在一起，针对一个问题进行讨论交流，有困惑提出来，有思想说出来，有好做法奉献出来……在碰撞、交流中，校长的思路开阔了，专业理念提升了。如何实现学校从管理到治理的转变，过去有想法但不成熟，经过校长们的沟通交流，提高了我的学校治理能力，在实践中也得到了验证。我们在完善制度、明确职责之后，大规模压缩层级，重心下移，转变职能，完善组织架构，实现了从管理到服务的华丽转身。"潍坊校长"微信平台，也是为校长成长搭建的交流平台，校长们可以将自己的读书体会、治校经验、育人感悟等晒出来与大家分享。

评价激励，校长发展"新境界"

校长职级制改变了什么？我认为，改变了校长的生态环境，这种生态环境的改变得益于评价机制的改变，实现了校长有精力办学、有动力为师生服务、有能力实现人生价值。

取消校长行政级别，由教育部门归口管理，最大限度地减少了与教育无关的行政会议、烦琐无休的检查应酬、形形色色的行政审批干预等，让校长真正摆脱了行政束缚，实现了专家办学。

教育主管部门组织的对校长的评价也不再是单一的考核，更多的是引领校长成长。按照校长职级制的规定，实行校长任期制，保障了校长岗位的稳定性、目标性。校长可以从容规划 4 年的任期目标和学校 4 年发展规划，摆脱了过去围着上级考核转的"怪圈"。学校年度评价，内容涵盖了办学理念、办学规范、办学质量、课程教学、学校管理、师生发展、办学满意度等多元指标，每学年考核一次。行政部门平时不"指手画脚"，减少了对办学的干扰，让校长有精力干成事。从评价制度上，要求校长必须围绕着学校发展、师生成长去谋划。

我有一个切身体会,感觉自己的时间不够用了。时间都去哪儿了?都用在听课评课上了,用在读书学习上了,用在学校发展上了。

评价的转变,改变了校长的时间轨迹,让校长们真正走上了自己的专业成长之路。就拿科研来说,以前当校长只要"指手画脚"就够了,现在不一样了,课题、项目需要校长引领,科研领导力也是校长晋级的"敲门砖"。3年中,我牵头承担了一个省级课题、一个市级课题。

评价模式的转变,也提高了"小"学校的校长地位,实现了校长平等。以前,特殊教育学校是"小弟弟",不被重视,考核时比不过大学校。实现多元评价后,校长们站在了同一起跑线上。这样一来,就大大提高了优秀校长的社会地位和职业成就感、幸福感。

激励措施到位,也让校长有盼头。校长职级制明确规定了校长的努力方向:初级校长—中级校长—高级校长—特级校长。同时,进行了物质激励,建立了校长绩效,校长绩效纳入同级政府财政,为校长干事创业保驾护航,调动了校长积极性。

校长职级制延长了校长的职业生命。高级校长可以干到60岁,特级校长可以干到65岁,解决了校长的短视心理和后顾之忧,极大地激发了校长的内生发展动力和办学活力。

如今,在潍坊聋哑学校,我可以专心致志研究办学,不急功近利,对学校进行长远规划。通过理念引领、制度保障、培训提升、项目破解等举措,学校实现了由"管理"到"治理"的嬗变,一所矛盾突出的学校转变为学生家长办学满意度测评连年名列潍坊市直学校第一、干事创业充满爱心的特色学校。

(作者系山东省潍坊聋哑学校校长)
(文章原刊于《人民教育》2016年第07期)

从"职务"向"职业"的转身

张景和

我 2010 年年底任山东省昌邑一中校长,其时正值潍坊推进第二轮校长职级制改革。此前,我在昌邑教育局任业务局长 13 年,分管校长职级制改革多年,深知其一步步推进的艰难。在第一轮推进过程中,有很多校长不理解这项改革,认为取消行政级别,地位降了,没面子;社会上也有人认为这不过是做做样子……凡此种种,导致这项改革推而不进。潍坊市委、市政府和教育局不断出台诸如"校长遴选、校长后备人才、职级评定、薪酬工资"等一系列配套制度,加强宣传和引导。到我任昌邑一中校长时,整个潍坊校长职级制的良好生态已基本形成。

因有着分管校长职级制工作的这段经历,我更能体会到"制度"变革的力量。怀揣着对教育的梦想,开启了我的校长之旅。5 年的校长经历使我深切感受到,校长职级制是校长专业发展的助推器。这个过程也让我找到了校长的专业尊严,感受到了专业发展的力量。

校长对教育思想的领导过程,是一步步向专业化迈进的过程

校长职级制使校长从"职务"走向"职业"。作为一名职业校长,最重要的事情是什么?是教育思想的领导。

2014 年 10 月 18 日,我在第五届全国新学校论坛上作了"校长的办学

思想从哪里来"的发言,在和同事们的实践探索中,形成了基于昌邑一中的"立德树人"核心价值体系,总结提炼了"方向比力量重要、内生比激励重要、土壤比化肥重要"三条基本经验,提出并践行"三维质量观",即学业质量、状态质量、发展质量。春节前后,我又开始调节"质量观",它来自师生共同的"灵魂的高贵、思维的力量、生命的旺盛、情感的丰富"——在我看来,这些都属于校长专业的教育思想的领导。

在教育思想形成和领导的过程中,我体会最深的是,校长对教育思想的领导,不是那么容易做到的。首先,校长既要有顶层设计,又要在实践中反思凝练,构成学校发展的一整套的可解释框架。其次,要用明确的语言文字表述出来,然后成为故事,在传播中形成文化,确保学校"立德树人"的方向不动摇。最后,我把教育思想反思凝练的过程,看作校长专业化螺旋上升的过程。这样,校长自然而然就成长为"专家型"校长了。

只有与教师合奏共舞,校长才能成长为专业化领导

校长职级制助推校长"领导"下的学术力量的增长。校长的专业领导力从哪里来?校长必须和老师一起合奏,共同跳舞。共同跳舞就需要一个舞台。2012年,昌邑一中潍水研修学院举行揭牌仪式。借助这个舞台,我们组织了36次主题研修。2015年,开通了"昌邑一中潍水研修学院微信研修平台",用"互联网+"思维促使老师、校长的专业成长从"要素驱动"的路径依赖转向"专业驱动"的自主发展。

这个合奏共舞的过程,并非一帆风顺。2015年,我校尹秋华老师获"全国杰出中小学中青年教师"称号,山东教育电视台作了"尹秋华和她的物理团队"的专题报道,特别提到了张兴颂老师。毕业4年、年仅29岁的张兴颂,第一次教高三物理并任13班班主任,遭到学生及家长的强烈质疑。换还是不换?校务委员意见不一。在和张兴颂的交流对话中,我发现他骨子里有一股不服输的韧劲儿,但来自家长的不信任,使他无法战胜外界的压力。在生长的"疼痛"节点,他需要我作为校长"专业"身份的心灵认可。2014年高考,张兴颂所教的两个班取得优异成绩,他自己也在

"磨难"中成长起来。

这件事给了我启示：校长职级制的核心是校长的专业化，校长的专业化追求往往会成为全校教师的专业化追求，而校长对教师的专业引领又"倒逼"校长不断走向"专业化"之路。这个过程中，校长有定力，教师就不浮躁，大家才能静下心来寻找"教育"，守望生命，收获成长。

重塑组织架构，激发校长专业发展活力

校长职级制释放的最大红利就是赋予校长更大的办学自主权。"枷锁"打碎了，"权力"下放了，校长有了自由"跳舞"的平台。怎样把"权力"用好？我的体会是，校长必须重塑组织架构，让渡权力。

5年来，我们沿着学校发展规划的线路图，以建立现代学校制度为契机，重塑组织架构和工作流程，推进学校理事会、校务委员会、教职工代表大会、家长委员会建设。"四会一章程"为主体的现代学校治理结构的基本架构初步形成。2013年，我们以"质量、制度、课程"为学校发展的关键词，推进了239个管理项目，修订完善了96项管理制度，一步步把"分校负责制"转向"年级部负责制"，在"条块结合、以块为主，线面并行、以面为重"的管理模式基础上，逐步构建"线面融合、条块联动"的工作新格局，推进以"班主任、教研组长、学生班长、职员干事"为核心的四个"作业组"建设，形成了"后勤围着前勤转、科室围着年级转、领导围着教师转、教师围着学生转、全校围着育人转"的校本管理架构。

这个过程中，我体会最深刻的是校长要担当好领导者、谈判者、诊断者、实践者等不同角色，这些角色的变化只有一个目的，就是力图使"学校这个生命体"的能量和信息能够与外界自由交换，使她能够自我呼吸、自我生长、自我担当。作为校长，在各种角色的不断变换中，内生动力源源不断地激发出来，校长就会"被迫"走向自身的专业化发展之路。

做了13年的业务局长，我"指挥""命令""敦促"别人如何当校长；5年亲历校长的个人体验，我的最大收获就是自身的专业化成长。这种成长，来自个人的一线教育实践，更来自校长职级制培育的丰厚土壤。在这里，我找到了一名校长的职业乐趣——探究。在探索教育规律、师生成长规律、科学管理规律中，我开始找到校长专业成长的尊严与力量。

记得任校长两年后的2013年12月19日，山东广播电视台就校长职级制来校作专题采访，"冷不丁"向我提了一个"二选一"的必答题："干局长还是干校长更能够实现您的价值？""当然是干校长了！干校长能够让我领着一群人实现自己的教育梦想。局长是个行政职务，很大程度上得服从各级的安排。"

陶行知先生主张"先行而后知"。而今，我对这句话似乎有了更加深刻的理解。

（作者系山东省昌邑市第一中学校长）

（文章原刊于《人民教育》2016年第07期）

把校长当作一门"学问"来做

周 颖

2014年暑假,江苏省苏州市直属学校开始评职级校长的那一阵,总有熟识的老师和教育之外的人士向我询问,评不评校长职级有什么不同?最后的结论差不多是校长还是那个原来的校长,只不过主管部门可以借此多给校长发一点津贴,至少体现了社会对教育的重视和领导对校长的爱护。

听了这番议论,心里颇不是滋味。"校长职级制"难道对一位校长就意味着这些?实行校长职级制以来,诸多的经历、体验和思考让我明白,"校长职级制"给了校长一次全面的个人诊断,推进了校长在教育价值领导、教学领导及组织领导等方面的提升,最终推动学校的可持续发展,促进学生的健康成长。

一份清醒的"自我认定"

校长的评价来自各方面,任何一位校长都会在意来自教育主管部门、教师、学生及家长的看法。但每一次的评价都是缘于学校的某个侧面、某一事件或某项工作,因而往往失之片面。3年一次的学校综合督导指向学校的办学成效,并不是对校长个人的评价与鉴定,因此许多校长是在模糊的社会评价中,模糊地形成一份自我认定。而校长职级的评定,则是对校长的一次全面"体检",许多校长也是在那一刻获得了一份清醒的"自我认定"。

我清晰地记得那次职级校长的申报，当整理材料时，我发现自己所有的论文和课题都是有关语文学科教学的，几乎没有一篇像样的有关学校管理的论文。想想除了年终述职报告，平时自己所写的各种发言稿与总结，讲完用完也就随手一扔，何曾梳理过。望着厚实的学科教学研究成果，我暗下决心：要把校长当作一门"学问"来做。

职级评定现场的答辩环节，有一幕记忆犹新。在个人10分钟陈述结束后，有一专家问："严格的常规管理和丰富多彩的活动，怎么体现立德树人？"我恍然醒悟，开展了那么多活动，其实并没有有意识地用一根主线串起来。虽然现场匆忙地对活动的德育内涵作了阐述，但心里知道这样的回答连自己都不满意。专家发现了管理中存在的问题，只是借提问这个环节作了个善意的提醒。

苏州市中小学校长的职级分为"四级六等"，即特级、高级（一等、二等）、中级（一等、二等）、初级。我被评为中级一等，虽不出意料，但好长一段时间心情并不轻松。作为校长的我，综合素质得到一次全面的鉴定，发现了许多不足，学校工作缺少精心设计，教育活动缺少提炼……

致力于学生发展的"核心设计"

苏州的校长职级制，在参评对象上，有过一番讨论。最后的决定是：教育局的处长、学校的书记和副校长都不参评，只有现职校长可以参评；如果评定后不再担任校长，那津贴也随之取消。

我渐渐明白这次改革的深意：推行校长职级制，意在取消校长行政级别，其本质是校长的专业化，体现了校长由"职务"向"职业"的实质性转变，强化校长的职业意识和专业发展；在一定程度上调整了政府职能部门与学校之间的关系，学校获得了更多的话语权和裁量权，同时也阻止了不懂教育的行政人员进入校长队伍，为校长队伍的发展设置了必要的门槛。校长是学校教育的设计者、指导者、管理者、自我监督者、自我调控者及自我评价者，学校渐渐成为教育改革的主体。

实行校长职级制，致力于培养教育家型校长，而其终极目标是指向学生的发展。培养怎样的学生，采用怎样的途径和手段来培养学生？我专注于思考如何促进学生发展的核心设计。

核心设计切入点可以有很多，但最终必然会落实于课程和教学。怎样作课程的改进？振华中学是一所初中，初中生处于认识世界、认识自我的关键期，其中部分学生又会面临人生职业生涯的第一次选择。2014年以来，学校开设丰富多彩的课程让学生有更多认识和发现自己的契机，发现自己的兴趣、爱好、潜能，让每个受教育者都能主动地、最大限度地发展自己的天赋，使其内部的灵性与可能性得到充分的发展，帮助学生生长出飞翔的翅膀，让学生成为优秀的自己。

当然，教育资源不仅仅局限于校内，高科产业园、绿色农业园、科研院所、博物馆、部队等都是课程资源；教师也不局限于本校，高校教师、职校教师、企业管理人员、民间艺术传承人、家长等，都成了老师。初中生兴趣广泛且易转移，学校设立了体量小、种类多的校本"小微课程"，让学生在校内、校外、网上，自主地、选择性地学习和探究。

课堂教学是最重要的育人途径。很长一段时间，学校的课堂教学存在"知识为本、训练为主、讲解偏多"的倾向，很多专家都含蓄地说，振华中学的课堂有点"旧"。因此，学校开始注重学生学习文化和教师教学文化的建设，建设以"探究体验"为特征的智慧课堂。延续叶圣陶教学思想，追求"不教之教"；在课堂上培养学生的问题意识、质疑精神、批判能力，而"探究体验"则是手段和途径。学校提出课堂教学的基本路径："始于体验"，创设源于生活的丰富情境，让学生在各类情境中充分体验和感悟；"融于探究"，以探究活动为主线，激发学生自主探究的意识，指导学生科学探究的方法；"问题驱动"，注重问题意识的培养，引导学生在探究体验中感悟生成，提升思维能力……一个又一个项目的持续推进，使学校取得了不小的进步。

"好学校"的理解与呈现

2015年，我有幸成为教育部首期"卓越校长领航工程——中小学名校长领航班"的一员，开始思考一名优秀校长应该承担的更多责任。

苏州市教育局在职级校长开评前后的一段时间，把苏州市直属学校校长的所有正职校长和部分区县的校长推到了前台。校长口中的好学校，百姓眼中的好教育，成为这两年苏州教育人士、十余万家长以及关心教育的市民的关注焦点，其载体就是"好学校大家说""好职校大家说"等五场展示活动。

"要让广大市民了解我们的校长，校长们也把自己对教育的思考表达出来，展现出你们的专业素养。"苏州教育局局长顾月华这么鼓励大家。

"好学校大家说"活动，在社会各界了解校长口中的"适性教育""朴实教育""课改学校""好教师引领学生成长"等学校形象和办学观点的同时，是校长们展现"营造育人文化、领导课程教学、引领教师成长"等方面的思考和主张，是校长们对教育本质和热点问题的思考，表达了他们对教育事业的无限热情。

学校文化、办学品质、科学评价、学生生涯规划、教师专业发展，每一个有关教育内涵发展的重大问题，都引发校长们的交流和争论。在"好学校大家说"这个平台，所有校长都作了精彩亮相，社会对学校、校长，多了一份了解和敬意。

重温苏州教育局《关于推行中小学校长职级制的意见（试行）》，我对其中一段表述颇多感慨，"全面贯彻党的教育方针，实施人才强教战略，落实和扩大学校办学自主权，支持鼓励校长在实践中大胆探索，创新教育思想、教育模式和教育方法，提高管理水平，形成办学风格"。这是多大的教育期待，对校长而言，又是多大的教育责任。作为一名耕耘教坛近30年、担任校长近10年的教育工作者，唯有借这一缕东风，不断前行。

（作者系江苏省苏州市振华中学校校长）
（文章原刊于《人民教育》2016年第07期）

校长的学科专业追求会提升管理"含金量"

周 婷

以下一些说法我们或多或少听到过,或者自己就是其中的发声者——

说法一:年纪很轻就做了校长,到后来才发现学科专业都荒废了。

说法二:校长事情多,主科教学课再也不能任教了,每周就上2节"品德与社会"课。

说法三:真羡慕你们评上特级教师后再担任校长,学科专业根基牢。

说法四:某某特级教师自从当上校长,几乎见不到他登上公开课的舞台了。

这几种声音,都在传播着一个观点:校长岗位和校长的学科专业追求是矛盾对立的,或者说当上校长,无形中就放弃了自己的学科专业追求。

真该如此吗?

一些核心能力可以从学科专业管理迁移到学校教育管理

其实,教育管理和学科业务追求有诸多相通之处。这些相通之处在于,都是以儿童素养养成和促进儿童终身发展为己任,都是以教育者的智慧唤醒和激发为主要方式,都是一种民主平等的教育交往生活。

谈到教育生活,首先是经验的累积和运用。为师者能从自己专攻的也是自己最为熟悉的学科专业生活入手,不断丰厚业务生活经验。其次,能从学科业务生活经验中自觉地培植或逐渐形成几种能力，如儿童成长道德引领能力、教学反思创新能力、分析判断处置能力、协调各种资源助推儿童发展能力、文化培塑与引导传承的能力……这些能力可以从学科专业管理迁移到学校教育管理之中。

于是，在实际工作中，学科教学业务能力强的人一般会得到提拔，有的成长为校长。可以说，学科业务成长中，与学校全面管理需要的能力关联性越强、迁移性越好，越适应校长岗位。行使管理职能的校长，一直自主自觉追求着学科专业发展，其实也是在促进学校管理经验的不断生成和创新，让自身全面管理素养不断升值。

行文至此，很多人不由自主地想到，有不少校长不在一线任教，没有行走在自己的学科专业发展之路上，校长依然当得很好啊。

其实，学科专业追求不等于对学科教学事必躬亲。美国中小学校长专业标准中有一条是这样说的："学校领导者是通过倡导、培育和保持有助于学生学习和教职工专业发展的学校文化和教学计划来促使所有学生成功的教育领导者。"从中我们可以看出，校长学科专业追求的方式是多种多样的，也必须是高屋建瓴的。校长可以亲力亲为地上课，但更重要的是对学科专业的研究、规划、设计、领导等。校长的学科专业追求，会让校长潜移默化地在各项校务活动统筹安排中，带着职业的含金量和专业的水准，更有针对性、更科学地组织教育教学活动，提升办学质量。

校长一直拥有学科专业追求，也是为广大教师树立榜样，探索如何为儿童建构多彩的学习生活和创设良好的学校环境，使之更符合儿童成长的规律，更贴近教育教学实际。

我们非常熟悉的苏霍姆林斯基，长期积淀了丰厚的学科专业实践，在亲近儿童、研究儿童中创作出《给教师的建议》，鼓舞着一代又一代的教师，成为教育思想的集大成者。因而，校长坚守学科专业立场，就是坚守促进以人发展为本的立场，就是坚守教育本质要义的立场。

校长要追求学校所有学科均衡发展

我们经常会看到一种现象：校长会有意或无意地"护着"自己擅长的学科，使之成为这个学校的优势学科。需要强调的是：校长的学科专业追求，不仅是精于自己学科的实践与研究，而且要关注全校的学科建设；校长的学科专业追求，不是去强化自己的学科，使其在学校中"一枝独秀"，而是要跨学科观照学校的整体教学，追求所有学科的均衡发展；校长的学科专业追求，不止于本学科专业设计力，而要具备所有学科的研究力和领导力。

当然，要做到这些，确实有些难。

江苏省南京市鼓楼区教育局要求校长形成一种贴地行走的工作习惯。比如，校长一定要全程参与区级教学活动；校长每学期都要上交听课笔记，听课内容必须覆盖全部学科，其中校内听课不少于50节，必须有听课反思记录，对听课笔记检查结果进行全区通报……这些好的做法都在鞭策我们校长要深入教学一线，而且要学习研究各学科教学。

校长时时保持着对各学科的关注热情，有助于对教学整体状态的分析、把控和调整。别的不说，就说学校每周要举行的各学科校本研修活动。该活动各学校普遍采用听课、议课、沙龙研讨等方式，到了尾声时，往往需要校长作总结性发言。此时，校长的讲话会被参与的教师视为最有权威、最被看重的发言，从某种意义上说，还代表学校教学工作的导向。所以，即使是一次小活动的校长讲话，都要注意涉及学科专业教学特质，要善于将学科教学理念和教学实际相融，正确引领教学改革的方向。换言之，校长需要各科专业思想指导，需要拓宽专业研究领域、丰富专业内涵，需要从各学科整合的视角主动建构自己的教学文化、精准规划教学生态发展路径。

校长要自觉将个体学科专业发展与学校整体教学事业统一在办学实践中，促进各学科相融相长、共建共生，实现学科专业精神的超越，让学科专业视界更宽泛、更深远、更有价值。

在观照全校整体学科建设时，校长不只是关注中观的规划和微观的实践，更要有宏观的课程理论和学科教学理念的架构。儿童的发展和学校文化愿景的实现，依托于校长课程与教学领域的专业思想力；以课程专业思想方式进行学科研究与实践研究，是校长学科专业思想的高度凝练和体现。因此，校长要善于将教育思想与教育实践完美结合，在课程改革与学科教学实践中，培养适应社会需要的优秀人才。

（作者系江苏省南京市汉口路小学校长）

（文章原刊于《人民教育》2016年第18期）

校长应坚持自己的学科专业追求

李 丹

校长必须坚持自己的学科专业追求,因为"君子务本",一定的学科专业背景是校长管理学校的"根本"立足点。

校长的工作重点和目标是"提升质量"

学校的教育内容主要是以学科教学的形式来组织的。作为学校师生生活的主体部分——课堂,我们的生命就是这样以一节一节课的标准单位来计算、度过的。日本教育家佐藤学说得好,"课堂改变,学校就会改变"。可见,校长对学校的教学领导,是提高教育质量的关键所在。课堂教学对于当校长的我来说,于公于私,都是不可放弃的职业生命的一部分。

我就以清华大学附属小学校长窦桂梅为例来谈一谈吧。

先从校长办学思想的溯源来说。众所周知,校长的教育思想对一所学校的发展方向起着至关重要的作用。学校的价值就在于通过丰富的显性与隐性课程来教化人。其显性课程,各学科的教学思想应该是统领在校长的办学思想之下的,校长的办学思想通过渗透到各学科教师的教学思想当中来发挥对学校发展、学生成长的导向作用。

一般来说,校长都是从一线教师成长起来的。可以说,追根溯源,校长的原始教育思想与其主要学科背景、学科专业教育思想血脉相连。校长的办学理念首先来自对教学理念的思考与定位。

比如，窦桂梅校长做语文教师的时候，就在语文课堂中提出"主题教学"：从生命的层次，用动态生成的观念，重新全面认识课堂教学，整体构建语文课堂教学。以"立人"为核心，以促进儿童的语言和精神共同成长为目标，以一个个母题为线索，整合各种阅读资源、生活资源和文化资源，构建一种开放而活泼的母语学习课程方式。

她在语文学科教学专业追求上形成的教育教学思想，更深层次地体现在其后来作为清华附小校长的办学理念中，如"用整合思维撬动学校组织变革""基于清华附小学生核心素养的要求，建构学校的课程体系，形成基于国家课程且高于国家标准的清华附小的'1+X课程'体系的课程建设"。由此可见，校长在学科专业上的追求，使其在教学理念、教学策略、教学实践等诸方面能更深入地审视、改革和创新，通过传递教学的精神，使自己的思想和目标变成全体教师的共识和追求，才能实现真正意义上的主导办学方向，有效提升学校教育质量，弘扬一所学校的个性。

怎么抓质量才最有效

学校管理者的工作性质不应停留在一个"吆喝型"的管理者身份上，而应定位为专家性质的引领者身份上。这是从校长工作的有效性角度来说的。

试想，一位长期脱离教学一线的校长，如何正确把握课堂教学？如何为教师尤其为青年教师示范？课堂不仅是学生成长的地方，教师成长的平台，也是校长成长的阵地。

在大力提倡教师专业化发展的今天，校长作为管理者，虽然其专业性的内涵确实比学科教学专业能力更丰富，但作为推动学校教学教研发展的核心力量，校长的学科专业化发展更应该走在前列。

校长如果仅凭行政力量推动教学管理，收效甚微。

我在一所地处长沙老城区的小学担任校长，学校教师年龄结构偏大，平均年龄43岁，职业倦怠感较为严重，参与教学研究活动的热情减退。怎样调动教师的积极性，促进老教师在现有固化的教学观念和平庸的教学个性上有新的突破和提升？根据自己的学科背景（语文），我在地方课程和校本课程内上阅读课，并要求自己每个学期给老师们上一节研究课。通过以身作则，推动教师以积极认真的态度参与到上课、观课、议课的活动中来，真诚地交流沟通，把教学研究活动当作合作共赢的平台，给教师提供更多的分享。两年下来，有位语文教师对我说："你是我接触过的唯一一位亲自带头上研究课的校长，你都这样做，我们老师没话讲，我们更应该上好课。"

但校长仅有这种勇于带头的精神引领是不够的。当教师在学科教学专业上需要搀扶、引领的时候，你要能把你的"专业水平"拿出来，给教师以实质性的帮助、引导。这样教师才会获得专业上的提升，实现自我超越。可见，校长只有在学科专业上不断追求，才能具备这种能力，并真切地感受到在学科专业上的实践与思考带给自己的成长以及带动教师的成长。

2013年2月，在教育部颁布的《义务教育学校校长专业标准》中，首次系统构建了我国义务教育学校校长的6项专业职责，其中两项"领导课程教学""引领教师成长"的职责要求，不正是体现了对校长在提升学校教学工作领导力方面的专业发展导向吗？

所以，校长坚持学科专业追求，是不可放弃的职业生命的一部分。

当然，校长在学科专业上的追求并不完全等同于需要完整地兼一门主课才能进行，应结合校长管理学校规模的大小和实际工作量而定。但一定要坚持在某一学科内的教学实践，不能完全脱离课堂。由于事务繁杂，校长可以选择相对适宜的教学时间，比如校本课程，课时量既不是很大，又能为自己的学科专业追求提供实践平台。

（作者系湖南省长沙市开福区望麓园小学校长）

（文章原刊于《人民教育》2016年第18期）

管理才是校长的第一专业

李建华

在学校，教师是一种职业，校长也是一种职业，《中华人民共和国职业分类大典》把中小学校长列为一个独立的职业。两种职业有着不同的专业标准，教师和校长都需要持证上岗。教师的职业能力体现在教学上，校长的职业能力体现在管理上。

完成自己的职业转身之后，校长须从"小局"转向"大局"

我常在想一个略带哲学味儿的问题：校长，作为一种职业，是谁？从哪里来？到哪里去？校长是教育行政部门或其他办学机构任命的学校行政负责人，在校长负责制体制下，校长是在学校中依靠管理能力来引领学校发展的那个人，是把学校带向未来的那个人。校长不是天上掉下来的"林妹妹"，也不是千年修炼的"狐"，绝大部分校长是从教师一线岗位一步一步走来，有着自己良好的学科专业背景和实力。

校长在完成自己的职业转身之后，就需要把视域充分打开，把担当扛起来，从班级转向学校，从教学转向管理，从小局转向大局，万千责任系一身。从校内而言，小到师生的吃喝拉撒、油盐酱醋，大到学校人财物、时空信息元素的调配，都需要校长运筹帷幄；从校外而言，上面千条线，学校一根针，所有问题都需要校长自己来扛。无边界的责任，让校长即便有三头六臂，有时也会应接不暇。试问，如果没有良好的管理能力，校长何以担纲？

长期以来，我们在学校认识上存在一个误区，认为教学是一线，其他都是二线、三线，如果单从教学的重要性而言，这样的说法是有其合理性的。但是，教育作为社会的一个子系统，学校作为一个独立的法人单位，对校长而言，管理何尝不是一线呢？古今中外，蔡元培、梅贻琦、张伯苓、陶行知、苏霍姆林斯基，他们的杰出成就无不体现在对学校的管理上，他们以卓越的学校管理思想在教育的天空中熠熠生辉。

当今社会，分工越来越精细，专业化程度要求也越来越高，专业的事需要交给专业的人来做。很多知名企业建立了现代企业制度，实行职业经理人制度，教育也不应例外。《国家中长期教育改革和发展规划纲要（2010—2020年）》提出，建立健全现代学校制度，促进校长专业化，倡导教育家办学。中小学校长专业化一直是我国教育事业的重要议题之一，为此，教育部于2013年2月颁布实施了《义务教育学校校长专业标准》，2014年8月制定印发了《义务教育学校管理标准（试行）》。从这两个标准中，我们可以窥见对校长管理能力重要性的考量。

作为学校的"CEO"，管理才是关键

《义务教育学校校长专业标准》首次系统建构了我国义务教育学校校长的6项专业职责，明确了校长专业发展的主要方向，体现了倡导教育家办学的要求。

这6项专业职责是"规划学校发展、营造育人文化、领导课程教学、引领教师成长、优化内部管理、调适外部环境"。专家认为，6项专业职责背后有着深刻的导向："规划学校发展、营造育人文化"体现了校长对学校的价值领导，是校长专业职责的灵魂；"领导课程教学、引领教师成长"体现了校长对学校的教学领导，这也是提高教育质量的关键所在；"优化内部管理、调适外部环境"体现了校长对学校的组织领导，是提升学校办学水平的管理保障。

专家的解读最终都聚焦在"领导"这一关键词上，我也从6项专业职责的行为动词"规划""营造""领导""引领""优化""调适"的背后解析出"专业标准"对校长的"管理能力"提出了极高的要求，同时在6项专业职责的60条专业要求中，全都关乎"管理"。

《义务教育学校管理标准（试行）》的基本内容为"平等对待每位学生、促进学生全面发展、引领教师专业发展、提升教育教学质量、营造和谐安全环境、建设现代学校制度"。标准明确要求"学校要将本标准作为学校治理的基本依据，树立先进的学校治理理念，建立健全各项管理制度，完善工作机制。校长和教师要按照本标准的要求规范自身的管理和教育、教学行为，把标准的各项要求落到实处"。在其92条管理要求中指向的学校管理，第一责任人自然是校长，对校长的衡量也是"管理能力"。

从两个"标准"中我们可以清晰地看到对管理的指向、对校长的要求，而要践行两个"标准"，都需要校长充分调动管理智慧，运用管理手段，发挥管理能力才能获得。因此，校长不是治头疼伤风的"万金油"，而是要揽瓷器活的"金刚钻"。《哈佛商业评论》曾刊登过《CEO必须做的三件事》一文。文章提出，有远见的CEO必须做三件事：一是管理现在，二是忘记过去，三是开创未来。公司若想经久不衰，就必须使自己的维持力、颠覆力和创造力保持恰当的平衡，实现这一平衡是CEO的首要任务。现代学校也是如此，校长作为学校的"CEO"，要实现这样的平衡，管理才是关键。

里约奥运会，郎平带领中国女排夺得冠军，不是她"铁榔头"亲自上场做运动员，而是她作为教练员充分发挥体育管理能力，充分调动女排队员的积极性而得来的。如果郎平没有"体育管理系现代化专业"学习的积累，如果没有郎平这样"好校长"的带领，中国女排不可能有今日之辉煌。不会游泳的教练也是可以培养出世界冠军的。对校长管理学校来说，这些都是极好的教材。

如果把学科专业高于管理之上或置于两者并重的地位来要求校长，都是极为不妥的。前者会让校长难以跳出学科的小圈子，难以形成大的教育观和管理观。后者对校长过于苛求，人的时间和精力是有限的，鱼和熊掌不可兼得，全能型校长是极少见的。校长在现代学校制度和教育家办学思想的引领下,需要视野、情怀、心态、文化和格局,对于广大的校长而言,最普适性的要求、最专业化的标准才是最适合的。

做好管理是校长的天职,管理才是校长的第一专业。

(作者系江苏省南京市莲花实验学校校长)

(文章原刊于《人民教育》2016年第18期)

辑三
从行政思维转向法治思维

从行政思维转向法治思维

封留才

依法治教是实现教育健康发展的必然选择,是教育发展新常态下的客观要求,也是改善学校治理和加快校长专业成长的重要条件。

然而,不少校长缺乏依法治校的意识、勇气和校本化实践的能力,存在以人治校、以罚治校等现象,以至于在许多矛盾、纠纷面前陷于被动应付状态,甚至被长期纠缠,严重影响学校正常秩序。

"智慧"的校长应有正确的权力观,要将自己的一切行政行为和学校各项工作全部关进"法"的笼子里,做到横向到边、纵向到底,不留死角。

大到学校发展规划、绩效考核方案等重大决策,小到师生日常行为要求、家长参与管理的方式等,校长都要依据相关法规,健全议事规则,构建决策机制,为自身以及全校教职员工"立好规矩",以制度规范的形式作出规定,形成从义务、权利、要求到责任的权力运行的"闭合式"机制,使各项工作"于法有据""有法可依"。

2014年秋季,某中学教师为逃避个人债务,一直未上班,校长在多次派法律顾问上门询问、书面送达和在当地主流媒体发布公告要求其回校说明原因未果的情况下,于2015年1月30日,向教育行政部门和人社部门单方面提出解除其聘用合同的申请,并得到了批准。这位校长的处理方式值得称赞,既体现了人文关怀,更反映了校长依纪依规治校的能力和学校教师管理机制的健全。

学校有了"规矩",校长还要带头守规矩、讲规矩、用规矩,将相关法律和"规矩"作为判断和处理学校事务的准绳。然而,不少校长法治意识淡薄,搞"权大于法""选择性守法",既破坏了教育生态,又违背了法治精神。

某地一所"颇有名气"的高中,校长砍掉了班会课,减少了体育课,时间全部让给高考科目。人们不禁要问,国家刚性的"课程标准"竟敢触碰,校长的法治意识何在?办学行为又怎会规范?在这样的学校,立德树人的根本任务怎能完成?社会主义核心价值观的培育和践行又怎能落地?真是令人扼腕。我以为,这样的教育不是真正的教育。

实现从行政思维向法治思维转变,校长必须从日常管理细节入手,从关键环节入手,在全校形成办事依法、遇事用法、难事靠法的依法治校新常态。

无论是决策、用人,还是涉及教师切身利益的职称晋升、绩效考核,都要做到程序合规、依"法"决定。

时有发生的"校闹"事件、校园纠纷,一次次给人们警醒,考量着校长依法治校的能力和水平。不少校长为息事宁人而"天价摆平",不但给学校造成了巨大的经济损失,而且严重扰乱了教育教学秩序,直接影响学校的形象和声誉。校长要善用法律、依靠法律化解危机,让解决"校闹"问题回归法治框架,绝不能让"校闹"随意践踏法律。

(作者系江苏省泰州市教育局副局长、法学博士)

(文章原刊于《人民教育》2015年第06期)

法治思维更多地体现为制度管理

祝 郁

法治思维是将法治的诸种要求运用于认识、分析、处理问题的思维方式，是一种以法律规范为基准的理性思考方式。

回顾自己在上海市嘉定区迎园中学担任校长的 10 年经历，如果有人问我，是什么让你带领全校教师使一所 9 年换了 7 任校长的问题学校走出低谷，成为上海市的新优质学校？那么，我会毫不犹豫地告诉他——校长的法治思维。

法治思维方式的核心是对合法与非法的预判

校长的法治思维应该包含以下两个方面的内容：首先，校长作为学校的法人代表，要增强校内全体教育工作者的法治观念，增强依法治校的意识，提高依法办事的能力，积累通过法律解决纠纷的经验。其次，校长要通过民主程序，带领全校师生运用法治思维制定合理可行的校规校纪，规范校园行为，增强师生规则意识，形成学校法治文化。

法治思维方式的核心是对合法与非法的预判，即把合法性作为处理问题的前提；围绕合法与非法对有争议的行为、主张、利益和关系进行思考、分析、判断和处理。

当我们把法律规范作为考量一切行为的是非标准时，我们就是在运用法治思维。在学校，法治意识落实到每个具体行为主体身上，其实就是规则意识。无论是校长、员工还是学生，只要具备了这种法治思维，即是有规则意识的——既对自己是有行为底线要求的，又拥有此底线以上的无限空间。

管理的合法性，不在"人"，在制度

如何运用法治思维构建学校的管理体系？

在现代管理学中，有一个基本认识：人是靠不住的！每个人都有自己的情绪，每个人的情绪在不同场合、面对不同的事物时会有不同反应；人的能力有高下，对事务的判断不能保证一定全面准确，人会犯错误。因此，在学校管理中，不能仰赖"人对人的管理"，而是要依靠完善的制度保障。

作为学校的法人代表，除了经常提醒自己做到"慎独"，以较高的道德标准来要求自己之外，我更加信奉制度管理。

自2004年起，依靠全校师生的团队智慧，我们提出了"专业精良、课堂精彩、管理精细、文化精致的优质初中"的办学目标。基于这一共同认知，构建起学校服务质量的管理结构、管理职责、运行流程、测量和改进的完整体系，并配置以健全的章程、职责、规则与程序设计，形成由质量手册、学校章程、职责、规则与程序等构成的学校运行管理体系，保障了学校的高效运转。

随着运行管理体系日渐成熟，学校制定了发展规划和年度达成细目表，确保每个时期都有明确的工作目标和重点，同时严格按照"规划设计—执行—检查反思—改进"的原则认真做好学校的每一项工作；我们建立各条线组织网络图，明确工作范围；细化工作职责，实行部门责任目标管理制和年级主任负责制，严格落实管理细则，使部门目标、年级目标和个人目标与学校组织目标融为一体，实现了决策到实施的短程化。

2011年制定学校"十二五"发展规划时，经历了多次改革的迎中教师主动参与学校管理的意识越来越强。他们提出：光有规划没有用，还需要有保障规划实施的行动指南，我们不希望这个行动指南还是"冷冰冰的条条杠杠"，能不能用自己的话来做这个行动指南？可否就叫《迎园中学五年行动纲要》？

在网络"迎中论坛"上，五年行动纲要讨论的主题帖成为热帖，持续15页，跟帖266条。行动纲要六易其稿，终于完成，一共88条，每一条都凝聚了老师们的心血，每一条都能找到老师们的影子。

迎中教师将集全体迎中人共同智慧形成的章程、行动纲要、质量手册和程序文件集结成册并取名为"迎园中学教师手册"，就是考虑到学校的每一位教职员工都是岗位与工作的管理者，需要参与学校制度文化的建设，需要从手册中寻求行为的规范、保障和指引，以确保学校的管理规范、公平、公正。

10年来，我们成功地引导全体教师以法治思维构建学校的管理体系。从某种程度上讲，法治思维也是一种鼓励创造力的思维。学校的每个行为人都很清晰地了解什么是做事情的底线和准则，在这样的前提下，每个人尽可以发挥自己的自由度和想象力；在这样的思维引领下，制度规范着行为，行为形成了习惯，习惯培育着传统，传统积淀了文化，文化又返回来润泽制度。制度和文化本是管理的两翼。制度是文化的沉淀，文化是制度的精华与升华。当制度成为一种习惯、一种行为，文化会成为一种崇高的信仰、一种内在的力量，优秀就成了一种必然结果。

凡事有准则、有程序、有监督、有负责

在迎园中学，我们在做每一件事情的时候，首先考量的是是否符合学校已有的章程及规章制度。如果不符合，那么首先要分析寻找不符合的原因所在：是原有的规则落后了，还是现有的考虑在价值取向上有缺陷？如果是前者，那么正确的做法就是按照原有的章程生效程序作出必要的修订，使之成为不阻碍学校发展的制度障碍；反之，则坚决不为。

凡事有准则、有程序、有监督、有负责，成了迎中教师的行事原则。

规范管理从教师延续到了学生，从课堂延续到了课外，学校的一切工作变得越来越规范。管理离不开规则和标准，真正高效的管理必然靠制度来运行。制度化使学校逐步走向秩序、和谐与安定。

我的体会是，学校发展史不应成为"校长更换史"，而应成为学校管理制度变迁史。学校内部管理制度首先受制于国家法律和各级政府规章，随着学校办学自主权的落实，学校管理日益成为学校内部人与人、人与组织之间以及组织与组织之间的互动博弈。

人们总是在这种博弈中寻找新的平衡点，制度也由此而发生变迁。

（作者系上海市嘉定区迎园中学校长）

（文章原刊于《人民教育》2015年第06期）

以师生合法权利制约校长权力

丁莉莉

法治的前提和基础是民主。没有"民主"参与的学校,可能一时走得快,但肯定走不远、走不稳。我们着力祛除学校管理中的"人治"之弊,以法治思维提升办学境界。

制度设计从民主程序中来

我们的学校章程规定:凡重大决策、重要事项,必须经全体教师充分酝酿,最终由教代会集体表决通过实施,舍此别无他途。

阳光章程建设从民主程序来。"依良法,达善治",是法治思维的基本内涵。学校的"阳光章程建设工程"最大限度地把办学事务全部纳入制度规范,消除人治因素,弱化校长的权力角色——使校长成为协调者和落实者,而不是发号施令者。管理中,不少人找我求情、行方便,我就一句话:"规矩定了,我真没这个权力。"

校园里,当同一类问题、失误反复出现,肯定是制度有问题。我们反复修订完善了《阳光神小管理文本和管理流程书》《教师手册》和《阳光少年手册》等制度体系,尽力使其成为兼具合法性、科学性和前瞻性特质的"良法"。制度设计从民主程序中来,师生就能自觉地严格执行。

教育权益救济从民主选择来。"没有救济,就没有权利。"随着公民权利和个体意识的提高，学校、教师、学生、家长之间各种纠纷数量增多，情况复杂。2014年，我校两名同学在放学途中发生争执，互相大打出手，一人发生严重意外伤害。家长没有走司法程序，而是多次非理性上访，想"把事情闹大"，以满足不合理诉求。对此，我们召开教师代表和家长委员会会议，在讨论中有多种声音，有的主张"息事宁人"，有的主张"置之不理"，有的主张"依法维权"。最终通过民主表决，我们选择法律途径取得权益救济。

我们委托法制副校长及其律师团队代理解决此事。经法庭两次审理，最终判定学校零责任。以此为契机，我们开始致力于建设教育法律纠纷防范机制，将因管理行为、教职工待遇、师生意外伤害等引发的纠纷纳入不同的解决渠道，发挥好调解组织，教职工、学生、家长自治组织和法制工作机构的优势与作用，彰显了法治的权利保障力量。

以民主管理涵养法治思维

民主是法制发挥力量的源泉。只有推行民主管理，才能有效涵养校长的法治思维，最终固化为现代学校治理常态，培育师生的民主风貌和法治意识。

以"参与、建议、监督"为核心的"135民主管理"机制。"1"是指教师"一周执行校长"、学生"一周执行班长"、家长"一日驻校执行管理"制度；"3"是针对教师、学生、家长和社区，每学期至少开展3次针对性征集建议活动，评选"阳光金点子"；"5"是指家长监督委员会、教师监督委员会、学生监督委员会、学校教育协作联盟和网上紫学园工作室直通车5驾"马车"，联手参与、建议、监督，形成自由沟通和建言献策的自然成长生态。有学生提出，"在传统运动会的基础上再举行一次全员参与的益智运动会，每周举行一次单项的校园吉尼斯活动……"由此"校园益智运动会""周周吉尼斯""校园爱心贮存箱""阳光币"等小特色、小温暖应运而生，人气红火。

执行校长制让教师参与学校管理。每周一位普通教师做执行校长，负责管理和落实学校本周工作，校长为其提供全程服务、指导和协助；执行校长拥有相应的责权利，与校长换位思考，以命运共同体的状态自主成长，很多教师受益匪浅，竞相申报。有位执行校长写道："我有了另一种生命存在的姿态，找到了管理角色的'代入感'，进而感同身受，不再狭隘和偏执，对职业生涯有了新感悟。"

这样做，是不是校长就没事了呢？除了要全面担负领导责任和引领服务外，我每周撰写"阳光服务室与老师说"，以周简报和网络跟帖、回帖等互动形式，与教师线上、线下进行交流、引导。

"小助理"给孩子一个成长支点。学校遴选学生代表组成"评审团"，经演讲、答辩投票产生"校长小助理"，在国旗下颁发聘书，通过培训引导孩子以独特视角发现校园"故事"，发挥"智囊团"作用，寻找不良行为及问题，及时向校长反馈。小助理有权参加学校联席会议和重要活动，以小主人的微视角关注身边人，管理身边事，责无旁贷地投入学校治理"协奏曲"。

家校之间无"围墙"。学校搭台，家委会积极融入学校治理，审议学校工作报告，参与教师评价考核，管理家长信箱，开展问卷调查，提交合理化建议，对家长解疑释惑……推动学校从外部和家长的角度发现问题、解决问题。

公权力应得到制约和监督

孟德斯鸠说："防止滥用权力的办法，就是以权力制约权力。"校长的权力在接受法律规范和组织权力监督的同时，必须受到师生合法权利的制约。

民主测评是师生的权利。我们不断探索完善对民主测评的监督方式，对学校领导班子、班子成员和各个层次的管理者建立完善"阳光监督员制度"，设计了实事求是、据理评议的测评体系。以"实事求是、客观公正"为原则，不同的监督主体通过不同的监督形式，分层梳理、归类问题，深入细致剖析原因，提出整改意见并进行多次监督，直到落实。我们坚持

"有权有责、责权相符、权受监督、违责必究",形成了服务师生的"一线意识"和"基层导向",对上对下都负责。

阳光公开没有例外。公开是最美的阳光,更是信任和民主的基石。作为学校民主管理和监督制约的重要手段,我们坚持党务、校务双公开,除规定保密事项外,做到"360度全方位公开、零距离真实公开、无延迟及时公开"。

我们建立阳光公开领导小组、工作小组和监督小组,抓住事前公开、过程公开、结果公开三环节,建立完善校务公开实施细则,利用学校宣传栏、网站、博客、微博、家校通、微信公众平台等载体,倒逼管理者做"透明"事,当"阳光"人,逐步从"不敢不公开"到"不能不公开",最终"不想不公开"。

每位教师都关注绩效工资,尽管分配方案体现了集体意愿,但也不能让每个人都称心。对个别心理不平衡的老师,我都心平气和地让他们在全程留痕并公开的事实和数据面前消气、顺气,让他们"站在未来看现在",一起研究专业成长。"阳光招生"全程公开,有效杜绝了暗箱操作、违规操作。每月评选"阳光学生",一律在线公开,学生服气、教师认可、家长满意。学校报表数据、统计资料、奖惩荣誉等相关情况,都可查询,信息对称,由此激发校园里"信任的力量"。

(作者系山东威海高区神道口小学校长)

(文章原刊于《人民教育》2015年第06期)

一部好章程，一所好学校

乔锦忠

2012年11月，教育部印发《全面推进依法治校实施纲要》（以下简称《纲要》），根据《纲要》要求，到2015年，我国将全面形成"一校一章程"的格局。

然而，如何才能制定一部好章程？换言之，制定学校章程，需要考虑到哪些因素呢？

着力规范内部治理结构和权力运行规则

学校章程是指经法定程序通过的关于学校基本任务、组织规程、办学规则等重大问题的规章制度。它是学校自主管理及政府监督管理学校的基本依据。学校章程的核心问题是权力的分配和制约。一般来说，学校章程应包括：序言、总则、学生、教职员工、管理体制和组织机构、财务、资产、后勤、学校与社会、学校标识、附则等内容。

《纲要》要求，学校起草制定章程要遵循法制统一、坚持社会主义办学方向的基本原则，以促进改革、增强学校自主权为导向，着力规范内部治理结构和权力运行规则，充分反映广大教职员工、学生的意愿，凝练共同的理念与价值认同，体现学校的办学特色和发展目标，突出科学性和可操作性。

明确办学定位，否则章程有效性会大打折扣

学校发展最终要依靠提升质量和打造特色，而学校质量和特色的形成需要条件支撑。学校所处的地理位置和外部环境不尽相同，办学理念和培养目标也应因地制宜。学校要在保证办学方向的基本原则下，根据自身办学体制、生源和其他内外部资源等情况来确定学校的办学理念和培养目标。

教育改革已进入深水区，高考制度改革对中小学办学会产生重大而深远的影响，过去依赖于体制和靠吸引优秀生源而形成的名校随着就近入学政策的严格执行将会受到很大的冲击，立足于学区和片区特点制定新的办学理念和培养目标已成为当务之急。办学定位不准，章程的有效性就会大打折扣。

重大事项必须遵循法定程序

有关学校发展规划、基本建设、重大合作项目、重要资产处置以及重大教育教学改革等决策事项，应当按照有关规定，进行合法性论证，开展合理性、可行性和可控性评估，建立完善职能部门论证、邀请专家咨询、听取教师意见、专业机构或者主管部门测评相结合的风险评估机制。

在学校重大事项的决策过程中，听取专业机构和主管部门的意见、征求教职工和咨询校务委员会的看法非常必要。比如，学校启动有关教育教学改革的重大项目，在课程设置、教学模式和方式等方面进行改革，应该有充分的论证。

在学校章程制定中，必须明确哪些重要事项要经过哪些法定的程序。比如，学校干部聘任，要有推荐提名、考核竞聘、公示任命等必要的程序。程序公正是科学决策的有力保障。

要考虑执行力和学习力问题

学校建立章程的根本目的是促进学校发展。现在,很多学校的发展仍然高度依赖校长个人素质。建立学校章程的根本目的就是减少学校发展对校长个人的依赖,从规章制度上建立起学校发展的内在机制。

影响学校发展的主要因素包括科学的决策机制、强大的执行力和教职工具备良好的学习力。在学校章程制定时,必须考虑执行力和学习力的问题。在学校章程中要有约束干部的退出机制,要有提高教职工学习能力的机制。如果没有这样的机制,章程就缺少灵魂。

章程是大家共同约定的,不是领导强加的

制定好一部章程,除了要明确章程内容中的关键问题外,还需要把握好章程制定过程。制定章程本身就是一个决策过程,需要有广泛的参与。在章程制定过程中,可以邀请专家对学校的办学定位提出意见,对学校内部治理结构、决策程序和内在发展机制等方面的条款给出依据,供教职工思考、批评和提出建议。

学校章程是学校全体成员共同遵守的规章制度,最终会对学校教职工的行为产生约束。在制定过程中有了广大教职工的参与,制订的方案就带有契约性质——章程是大家共同约定的,不是领导强加的。

只要学校能结合自身实际情况科学把握学校工作任务、内部治理结构、决策程序、内在发展机制等问题,遵循合理的程序制定章程,其科学性就有保障,章程制定就会真正促进学校的发展。

落实学校办学自主权是章程有效的关键

建设法治社会,完善治理体系,提升治理能力,就是要破除组织发展对个人过度依赖的状况。在法治时代,呼唤好校长不如制定好制度。从这

个意义上讲,"一部好章程,一所好学校"要远远胜过"一个好校长,一所好学校"。

但"一部好章程,一所好学校"是一个美好的愿望,现实中即使有一部好章程,也未必能有一所好学校。有了章程,如果束之高阁,也不可能发挥作用。1986年,《中华人民共和国教育法》就要求学校有章程,政府也曾经推动过章程制定工作,很多学校也早已有章程,但这些章程一直没有很好地发挥作用。

学校章程之所以不能发挥作用,主要是因为学校缺乏办学自主权。当前,真正的办学主体是教育局。教育部已经发布了课程标准,也有质量监测系统,可教育局还要求学校开齐课程、开足课时。学校缺乏用人自主权,想要的人不一定能招来,不胜任工作的人出不去。在校财局管体制下,学校预算演变为"资金使用进度安排",真正用钱的地方有很多规定不能用、不好用,不必多用钱的地方却有很多钱在等着用。

学校制定章程,按照章程实行自主管理是学校依法办学的关键,是法治时代学校发展的必然逻辑。但这有赖于政府下放权力,切实落实学校办学自主权。只有学校有了足够的办学自主权,能够真实自由地表达自己的主张,才能科学合理地制定章程,这样的章程才能真正造就好学校。

总之,学校微观治理结构与国家和政府的宏观治理结构之间紧密关联。从这个意义上讲,学校章程现代化的程度取决于国家政治体制和政府行政管理体制改革的进度。改革开放以来,党和国家一直在采用渐进式改革的思路推进各项改革。因此,学校章程的现代化也不可能一蹴而就。要立足现实,先从低度民主起步,逐步培养教职工的民主参与意识和参与能力。既不能新瓶装老酒,原地踏步,也不能操之过急,脱离现实,影响学校发展。

(作者系北京师范大学教育学部副教授,北京市门头沟区京师实验小学校长)

(文章原刊于《人民教育》2015年第05期)

每位教师都是章程的制定者和受益者

张浩强

章程制定过程融合了学校上下各个层面的价值认同

制定章程是校长和教师对学校教育思想、价值取向、办学理念的理解、认同与内化过程，更是全校教职员工达成共识的过程。

浙江省杭州市胜利实验学校创办于 2009 年，原为杭州市胜利小学教育集团的一个校区，于 2014 年 2 月与杭州市胜利小学正式分离，成为独立法人单位。要不要继承学校之前"幸福生活每一天"的办学理念？原先的教师、学生发展目标需不需要创新？如何创新？这一系列的问题都"晒"在全校教职员工面前。

学校行政班子向全体教职工抛出问题，征求意见，通过"头脑风暴"，让每一位教师用三个词来概括自己心目中的优秀卓越的幸福学子形象。然后，学校章程制定小组进行同类合并、分类梳理，整理出最集中的 15 个词，再交由全体教师依照学校发展实际和幸福教育价值追求进行选择，最终选为胜利实验学校的学生培养目标，写入章程第七条：学生的发展目标是培养健康、自主、文雅的幸福少年。学生培养目标如此，学校章程中其他方面如办学宗旨、教师文化、教育教学管理机制等都是以类似方式确定从而写进章程。

章程制定过程融合了全体教师对教育的理解和学生的希望，融合了学校上下各个层面的价值认同,因而体现了所有教职工对学校发展和学生发展的期望与追求,于是在学校运行中的作用也变得更有力。

教师从一线教育者成了"学校管理者"

学校章程制定的过程,也是梳理学校内部管理体制的过程。只有写入章程,学校的教学质量管理、教师管理、经费管理才会有章可循、有法可依,学校管理才合法合理。

学校章程不仅规范了学校管理者的岗位职责,明晰了校长拥有的权力,更对教师在学校的职责和权利都有了明确规定。"还权于师""授权与授钱同步""职责明晰"等思想渗透在我们学校的章程里。如学校章程第十四条规定:学校建立以全体教职工参与的大会制度,保障教职工参与学校民主管理和进行民主监督。第十八条规定:学校建立健全信息公开制度。学校实行校务公开,切实保障教职工的知情权、参与权和监督权。

在我们学校,每位教师都对自己在教育岗位上应履行的职责了然于心且恪尽职守。与此同时,学校也切实保证教师应享有的权利,如培训权、知情权、决策权、管理权等。

因此,在我们学校,教师约谈校长,教师参与策划学校活动已是寻常之事。就连学校经费的预算和使用,教师也充分参与。为保证学校每项经费使用效益的最大化,学校在学期初公布本学期可支配经费的信息,保证教师的知情权。之后分学生和教师"两条线"向学校申报本学期所需要经费的额度及打算开展的活动。如学生经费的支出包括班级奖品的购买、学生外出实践活动、幸福人物评比等;教师经费支出包括教师培训、课题咨询、专家讲座等。各个部门须在了解信息、策划活动后才能对经费进行预算。学校根据上报情况,进行"切块"预算,全盘统筹,最后交付学校教代会表决通过,授权校长进行经费的使用。

这一过程,教师从一线教育者成了"学校管理者",保障了每位教师在教育岗位上履行职责,也充分给予他们参与学校管理的权利,真正实现学校的开放管理、民主管理。

切实保护教师专业自主

作为一所新学校,通过章程的制定让全体教师认同学校新的办学理念很重要,但延续老校400多年的文化积淀和价值追求也不容忽视。融洽轻松的同事关系、自由民主的言论氛围、多元个性的专业发展等,都是这所学校一直以来的文化追求。

因此,胜利实验学校的章程制定过程,以较好继承老校文化、保护教师专业自由、释放教师心灵为出发点。如章程第二十八条关注了学生课堂学习方式的转变,倡导"主动参与、有效思考、个性表达"的课堂文化,鼓励教师向课堂要质量。再如第三十三条提出,学校营造民主、自由、科学的研究氛围,构建对话、合作、反思、共享的研修文化,鼓励教师开展教育教学改革和实验,以特色工作申报、项目申报等形式鼓励教师开展基于问题的小课题研究,建立区以上(含区)、校两级课题管理办法,重视研究过程,每年召开一次学术成果发布会,促进研究成果的转化与应用;学校鼓励教师著书立说。

在我们学校,"鼓励教师开展教育教学改革和实验""鼓励教师著书立说"等并不是一纸空文。我们相信"闲暇才能出智慧"。因此,为保证教师有研究的时间和空间,保护每位教师专业发展的自由,延续学校文化命脉,我们不断改革教师管理,大大精简或减少事务性的事情,鼓励教师专业创新。

以备课改革工作为例。我校教师不再需要每课"零起点备课",那么,教师不备课怎么进课堂?教师不备课做什么?我们学校继承了"资源共享"的好传统,每位教师在一个学期结束后就会拿到下一学期要执教的全册教案及配套的课件和测试卷。教师根据本班学生的具体情况对现成教案进行删改即可。这不仅保证了教学质量,也大大节省了时间。教师有更多时间去做自己的事情,钻研班级工作,解决教学困惑,创新特色工作,著书立说等。

(作者系浙江省杭州市胜利实验学校校长)

(文章原刊于《人民教育》2015年第05期)

辑四
谁来调动教师的积极性

如何扶正"奖励性绩效工资"政策

周 彬

自奖励性绩效工资政策进入校园以来，它便成为一个众说纷纭的话题。教师认为，所谓的奖励性绩效工资，就是拿自己的工资去奖励别人的绩效；教师层与管理层也因此矛盾重重，教师觉得管理层拿着自己的工资来管自己，管理层觉得自己干了活却得不到与之相应的报酬；对校长也没有什么好处，原来可以自由支配的"活"钱，现在都成了照章办事的"死"钱，在教师激励方面显得很无力。

被广泛论证的奖励性绩效工资政策，是到了中小学校就如此的"水土不服"，还是我们在享受它带来的政策红利之后，所必须承担的政策代价呢？它除了带给学校管理诸多问题之外，还带来了些什么？如果我们都不希望这些问题变得更加严重，那又应该如何去将其"扶正"呢？

用"自己的收入"去奖励"他人的绩效"？

知道自己一年的收入，不知道自己一年的收入，哪一种情况更让人感到幸福？对于那些富人来讲，可能知道自己一年的收入，会增进他们的幸福感；但对于并不富有的教师来讲，不知道也就不可比，不可比也就不知道自己有多么的穷，也就不知道自己比别人穷多少，幸福并不会因为不知道而增加，但至少会通过不知道来保有自己的尊严。

可是，一旦有一种制度明明白白地告诉你，你一年可能赚多少，这下你有点愤怒了，原来我辛苦一年才赚到这么一点！要是和身边那些听说赚得特别多的人，比如商人或者公司白领的收入相比，那就更愤怒了。这还没完，到了年底，再告诉你，由于你的工作绩效比同事差，你还没有赚到年初告诉你的那个数字。到了这个时候，你该出奇愤怒了——明明是自己的钱，为什么还要被别人拿去呢？

有人管着你，没有人管你，哪一种情况你觉得更幸福？如果管理者通过良好的管理，能够为教师换来更大的利益，教师们是可以让渡部分自由的，甚至也愿意在更大利益面前让渡原本属于自己的一部分利益。

可是，学校管理层能够做到这一点吗？很不幸的是，还真做不到。目前教育行政部门只对教师个体实施了绩效工资政策，并没有对学校组织实施绩效工资政策。也就是说，不管学校办得好还是办得差，教师群体的总收益没有多大变化；但在学校内部，如果教师教好了或者教差了，教师个体的收益是有变化的，而这个变化并不是来自群体的增量，而是来自教师间的调剂，这就是常讲的用"自己的收入"去奖励"他人的绩效"。

有可以自由支配的钱，有必须照章办事的钱，哪一种钱有利于管理效率的提高？在经济学中，可自由支配本身就是一种利益，因为它可以最大限度地满足消费者的多种需要。一旦金钱不能自由支配，这种利益就会大打折扣，因为它可能指定购买你根本就不需要的商品，但对于你需要的商品却限量购买。在校长看来，奖励性绩效工资就成了照章办事的"死"钱，这就有可能大大地削弱学校管理效率，因为它对教师的激励作用减少了。但在教育财政看来，奖励性绩效工资并不是"死"钱，只不过不是按照校长个人意志使用的钱，而是必须按照教师群体意志使用的钱，所以这个钱在校长眼中是"死"钱，在教师群体眼中却是"活"钱。

可是，对教师群体来讲，目前最关注的并不是钱的"死"与"活"，而是钱的多与少；对校长个人来讲，虽然也关心钱的多与少，但可能更关注的是钱的"死"与"活"。

需要为学校预留相应比例的"自主奖励机制"

从企业管理生态中诞生的奖励性绩效工资政策，刚刚进入教育生态环境，难免有"孤军深入"的弊病，也不可避免会遭遇到教育生态系统的"排异"。与之相应，要在教育生态环境中更好地发挥奖励性绩效工资政策的作用，就需要我们进一步完善奖励性绩效工资政策体系（除了要完善这项政策本身之外，还要完善与之相配套的政策），同时也要调整教育生态环境本身，让教育生态环境以开放的姿态，去迎接奖励性绩效工资政策可能带来的变化，起到扶正奖励性绩效工资政策的作用。

先得有奖励性绩效工资"标准"，然后才有奖励性绩效工资"政策"。每个人都有对自己收入的知情权，这是奖励性绩效工资政策带给教师的最大福利，让教师的收入不再模模糊糊，让教师的付出与所得变得清清楚楚。但是，既然是绩效工资，那就意味着教师工资必须与教学绩效相对称，而是否对称的标准，就是绩效与收益的比例是否达到当地工资的市场水准。

由于绩效工资是一种市场管理制度，所以要实施它，前提是承认并接受市场交易的观念与市场交易的条件。如果教学绩效换来的是远低于市场水准的教学工资，这种绩效工资政策不但起不到激励与奖励的作用，反而成了削弱与打击教师工作积极性的政策。因此，要在学校实施奖励性绩效工资，就必须告诉教师这个奖励性绩效工资的"标准"是怎么出台的？如果没有一个客观的标准，每一个人都会认为自己付出得多，得到的却太少；等到有了这个相对客观的标准，则可以让教学绩效优异的教师因为得到更高工资而心满意足，也可以让教学绩效较差的教师因为得到较低工资而自我反省。

先得有学校组织的奖励性绩效工资，然后才有教师个体的奖励性绩效工资。如果不对学校组织实施绩效工资，这就导致不管这所学校是办好还是办差，都不影响教师群体的总收益。在这种情况下，为了确保教师利益最大化，最好的办法就是通过降低成本的方法，来提升学校组织的整体收益。也就是说，由于学校办好办差并不影响教师群体的收益，那就最好不要朝好的方向办，因为这样办学成本会增加；与之相应，在整体收益不增加，但办学成本增大的情况下，教师群体的收益也就相应减少。至于教师群体收益怎么分配的问题，既然学校不要朝好的方向办，那最简单的分配方法就是平均分配，因为人均年收入有多少是年初预算就定下来的，学校也没有理由要减少。至于管理层为什么要多拿钱，也实在是匪夷所思的事，学校根本就不需要朝好的方向办，你还来管教师干什么呢？再说，教师这个行业本来就是靠良心维持的行业，只要管理层信任教师，爱护教师，教师自会用心教书育人。你现在还要来管教师，岂不是明摆着不信任教师，不爱护教师了吗？可是，在不朝着更好的方向发展、在没有人来承担管理职责的学校里，它还有未来吗？

先得划定奖励性绩效工资边界，然后才能有效实现奖励性绩效工资效力。学校与企业间的最大区别是，企业的目标相对单一，要么是产品，要么是利润；但学校就异常复杂了，教育目标有近期的、远期的，教育过程有技术的、艺术的，教育教学有科学的、人文的。这就意味着，在企业中普遍适用的绩效工资，在学校中不可能普遍适用，而是有着特定的适用范围。事实上，在企业中，也没有哪个企业把绩效工资用于所有的工作项目与工作岗位。对教师来讲，有些工作成果是可以折算成教学绩效的，但更多的教学成果是无法折算成教学绩效的；对学校的不同工作岗位来讲，有些工作岗位是可以用绩效来考核的，但更多的岗位是不能用绩效考核的。如果要把教师所有的教育成果都折算为教育绩效，教师就不得不放弃教育使命的长远发展，而聚焦在工作任务的当下应对；不得不放弃教师的光荣使命，而聚焦在匠人的产品生产——这既是对教育的误判，也是对教师的误读。所以，学校需要奖励性绩效工资，但不能全部都用奖励性绩效工资来核算与推进。为学校预留相应比例的自主奖励机制，既是对学校办学自主权的尊重，也是对教育教学规律的尊重。

绩效考核对学校管理者提出了新要求

尽管我们对奖励性绩效工资有着这样或者那样的批评与指责，但不可否认的是，此项政策让学校管理变得更加阳光与透明，也变得更加公正与民主。

以前的学校教育教学工作更依赖于教师的良心与良知，学校管理工作更依赖于学校管理者的人品与智慧。在奖励性绩效工资面前，学校关心的是每位教师应该完成多少工作量以及每位教师的教育教学质量如何，虽然忽略了教师在工作过程中的良心与良知，但却把工作中的质与量都晒在了阳光之下。

对学校管理者来讲，学校管理的过程不再是主观臆断的过程，也不是靠个人英明决策的过程，而是把学校管理建立在民主决策之上，建立在客观证据之上。

其实，实施奖励性绩效工资之后，对学校管理者的管理水平提出了更高要求，比如如何让学校岗位职责清晰起来，用什么方法去测量和评价教育教学工作的数量与质量，用什么方法把学校不同工作岗位的工作数量与质量置于同一个工资体系之中。此外，如何在学校管理中听取不同层级工作人员的意见和建议，如何凝聚团队的管理智慧，都是奖励性绩效工资对学校管理者提出的要求与挑战。

当学校管理和经费支配不得不纳入制度体系时，学校管理者的制度设计能力就非常重要，而这并不是基于对具体人或事的判断，而是基于对此类人或事的趋势、规律的把握。并不是说，让谁去做这件事，做好了我们奖励他多少钱；而是谁都可以去做这件事，他把这件事做好了，我们一定给他多少钱。还有，当学校经费交由制度来支配后，学校管理者自由支配的经费少了，那么用什么去调动教师的工作积极性呢？除了用制度的力量引领教师努力之外，还需要学校管理者转变以往的管理模式，开启更多的调动教师工作积极性的非金钱与非物质的因素。比如，如何让教师在学校教育教学工作中获得成就感，如何让教师在师生交往中拥有存在感，如何让教师在学校发展过程中收获荣誉感。

的确，教师与学校之间并不完全是雇主与工人之间的关系，教师与学生之间也不是工人与产品的关系，所以不可能把学校中的人际关系都转变成交易关系。教师到学校不仅仅需要收获金钱，还需要收获成就感、存在感和荣誉感；学生到学校不仅仅需要知识，还需要学会相互理解和相互尊重。

越是把管理交给制度，管理就显得越来越不讲人性，制度也会变得越来越不相信人性。制度不是针对具体人的，也不是针对具体事情的，所以一旦事情发生，就必须按照事先制定的制度来执行。于是，这就要求学校管理者在管理过程中体现出自己温情、温暖的一面。作为学校办学品质的保证，管理和制度必将变得越来越非人性化，从而让学校的运转和发展不再因人而异。可是，当学校越在高位运行时，在学校中工作和学习的师生将会碰到越来越多不顾及具体人和事的制度。在这种情况下，学校管理者的人格魅力、为人亲善，既是对制度化管理的补充，又是体现学校管理者自身管理功能的重要途径。

需要强调的是，学校管理者的温情与温暖，并不是对现有管理举措与制度的破坏，而是对管理举措与制度的补充和延伸。比如，当教师由于迟到或者旷课而被罚款了，这时管理者的正确做法，并不是通过不罚款来体现自己的温暖与温情，而是通过对教师迟到或者旷课原因的关心，来减少或者杜绝教师迟到或者旷课的次数。

不管我们理解还是不理解，接受还是不接受，奖励性绩效工资已经深深地镶嵌到了学校管理的基因之中。我们可以去审视它，但审视的目的是为了重构它，通过对它在教育领域的重构，让它更适应我们的教育、我们的学校；我们也应该把它当作一面镜子，通过这位"从企业管理界来到我们身边的不速之客"，让我们的学校管理变得更加阳光与民主。

［本文系国家社会科学基金教育学青年课题"绩效工资背景下教师有效激励"（CFA110112）阶段性研究成果。］

（作者系华东师范大学教育学部教授、博士生导师）
（文章原刊于《人民教育》2015年第17期）

绩效考核该如何避免流于形式

陈松信

实施绩效工资改革以来，尽管各地中小学校制订了绩效考评方案，但不少学校在执行方案时却不痛不痒，据说"不好操作"——管理者担心得罪教师，害怕激化矛盾。当然，也不乏个别学校"穿新鞋，走老路"，搞平均主义——将绩效工资暂时挂着，待到年终时发放了事，大家"你好，我也好"，使得绩效工资改革流于形式。

如何才能真正发挥教师绩效考评制度应有的作用呢？

"流动性"评价方案：让绩效奖金"活起来"

《教育部关于做好义务教育学校教师绩效考核工作的指导意见》（以下简称《意见》）指出："要根据绩效考核结果，合理确定奖励性绩效工资分配等次，坚持向骨干教师和作出突出成绩的教师倾斜，适当拉开分配差距。"但有的学校在绩效考核时"蜻蜓点水"，有的学校将绩效考评方案束之高阁……根本没有做到"适当拉开分配差距"。

为了充分发挥教师绩效考核的激励功能，学校可以实施"流动性"评价方案，即教师绩效考核采取百分制，根据每位教师每月绩效考核得分的多少核算奖金，具体为：每位教师的月绩效奖金＝（人均绩效奖金 × 科任教师人数）÷ 教师绩效考核总分 × 教师个人绩效考核得分。

这样，每位教师的每月考核分值都不一样，但每月学校全体教师的绩效奖金总额不变，从而呈现出学校绩效奖金总额在教师之间"流动"的活性状态。

"流动性"绩效考核评价，一方面着眼于教师的工作实绩和贡献，根据考核分值决定教师的绩效奖金额度，将更多的绩效奖金流向骨干教师和作出突出贡献的优秀教师，在一定程度上拉开了教师之间绩效奖金的分配差距，彰显了教师绩效考核工作的题中应有之义；另一方面，绩效奖金好比一个大蛋糕，所有绩效资金在教师中流动，真正体现了多劳多得、优绩优酬，能够充分发挥激励功能，调动教师的工作积极性，从而有效增强学校办学活力，提高办学质量和效益。

"模块性"考评机制：增强绩效考核结果的公信力

《意见》提出，实施绩效考核应遵循"客观公正，简便易行"原则。然而，基于中小学校教师实际，学校对教师除了在"师德""教育教学研究""教师专业发展"等方面有共性的要求外，由于教师的任教学科、工作分工不同，很难用"一把尺子"对教师的工作进行评价。倘若学校采取"一刀切"的做法，难免存在不公平因素，非但不能起到激励作用，反而会打击一部分教师的工作积极性。

为了使绩效考核工作更加公正、公平，更具可操作性，学校可采取"模块性"考评机制，即根据教师的任教学科以及工作分工情况，按照"语文""数学""英语"等各教研组以及"班主任""非专任教师岗位"等分"模块"进行单独考评。学校根据各"模块"人数情况，将学校绩效奖金总数分配到各个"模块"中进行"流动性"考核评价。

这种考评方式的重要意义在于：一是搭建了简便易行的评比平台。任教同一学科以及从事相同工作岗位性质的教师，更具可比性，有利于绩效考核领导小组考核教师的工作实绩和贡献。二是营造了公正、公平的评比环境。对工作性质相同的教师单独进行评比，人人对考评细则心中有数，对于自己每月的考评分数也就心服口服。三是发挥了相互监督作用。公平、透明的评比，有利于形成教师之间的良性竞争氛围，使得教师之间、教师与考核领导小组之间相互监督、相互约束，确保绩效考核工作的执行力，增强绩效考核结果的公信力。

"引领性"评比细则：让绩效考核成为引领教师成长的推手

"流动性"评价方案和"模块性"考评机制，虽然明确了教师绩效考核工作的整体思路和框架，但学校制定出科学、合理的考评细则更为重要。

考评细则不应由校长一人或行政班子成员闭门造车，而应广泛听取广大教职工的意见、建议，才能确保绩效考评方案顺乎民心、合乎民意，也才能使教师绩效考评工作顺利实施，并且使之成为引领教师专业成长、提高教师队伍整体素质的一个有力推手。

首先，学校行政班子成员应着眼于学校发展全局，根据教师日常工作实际，结合教育教学效益，围绕"师德管理""教师考勤""学校安全""教育教学研究""教学质量""班主任工作"以及"加分项目"等方面内容，权衡利弊，科学量化，确定考核的具体标准和权重。通过行政班子的充分酝酿和反复推敲，大家形成统一认识，形成教师绩效考评初步方案。

其次，学校应充分发扬民主，根据教师绩效考评的相应"模块"，各学科由教研组长组织带领，班主任由年级组长组织带领，分别召开会议，研讨考评方案。大家根据行政班子制订的教师绩效考评初步方案，联系组内教师及班主任工作实际，围绕"如何使得组内每一位教师都能得到公正公平考评"畅所欲言，积极建言献策，提出客观、合理的修改建议。

最后，学校应综合考虑教师提出的修改意见，结合学校工作及教师的心理需求实际，再次对考评方案进行认真梳理和分析，反复斟酌利弊，并积极采纳教师提出的合理建议和意见，最终确定学校的教师绩效考评方案。

得到广大教师拥护和支持的考评方案，推行起来才会畅通无阻，也才能在绩效考评工作中避免纠纷和矛盾。另外，绩效考评制度的实施，牵一发而动全身，大家对工作有了更加明确的目标，有助于促进教师对个人工作进行反思，在各"模块"内教师之间形成你追我赶的良性竞争氛围，从而有效引领教师专业成长。

（作者系福建省泉州市南少林国际学校小学部校长）

（文章原刊于《人民教育》2015年第17期）

"绩效工资"考验校长的管理智慧

张洪锋

在校长圈里,有"谈绩效色变"的现象。在绩效工资改革洗礼下,一些原来挺强势的老资格校长骤然跌落神坛,一些照搬照抄图省事的校长纷纷经受了教代会通不过的煎熬,还有的不顾一线教师的翘首企盼,只是维持原状等待奇迹出现……

绩效工资改革真的那么可怕?非也!这是学校难得的发展机遇。

在教师群体中,我们常常可以预期:每位教师都希望学校好。在这个教师发展的生态空间里,各种教师都在享受着体制的阳光照耀。有的教师有才,希望更加卓越;有的教师态度诚恳,默默无闻,坚守岗位;有的则希望充分享受体制优惠,活让别人干,待遇不可少……这种状态,多年来已经达成相对平衡。

绩效工资改革一来,这个生态平衡出现了由破到立的变革。有能力的正面力量希望按劳取酬,实现更大的自我价值;无才不出力的希望拿个平均数继续混。这里需求和期待的差异是产生矛盾的焦点,考验着校长的管理智慧。

校长要引导全体教师关注、参与绩效工资改革全程,在新的愿景下,让每位教师重新找到自己发展的定位,让学校在新的起点重新出发。校长需要深入思考的问题是:

第一,为什么要改革?绩效工资改革是大势所趋。从学校角度来说,学校要发展，就需要激发全体教师的干事激情。这需要校长作出合理的愿景规划，让全体教师愿意为实现美好的愿景而努力。就教师个体而言，每个人都有自己的长处，都希望用自己的长处来实现自我价值。

校长应从多元评价的角度，让老师们看到改革的红利。我所在的学校是一所农村完小，当时很多老师过着每天教书、安于现状的日子。不知不觉中，质量平平，生源流失。看到周边学校的"高大上"，很多老师有了低人一等的自卑感。于是，学校管理层提出：学校不能再碌碌无为，尝试以"全员成长、全面发展"的办学理念，走陶行知乡村教育之路，办朴素的、有特色的农村理想教育；建设乡村学校少年宫，全面发展学校文体艺术项目；营造浓郁校园文化，影响师生发展。当时，这一理念得到大多数老师的支持，并将相关激励措施纳入绩效工资。

实践证明，学校的愿景和大家的希望保持了同一方向。学校快速发展，成为教育部"全国教育系统先进集体"，校园文化省内知名，少年宫成为地区品牌，老师出去受人尊敬。这是绩效工资改革与学校发展愿景有机结合的最好证明。

第二，改革改什么？校长要牢牢抓住教师发展这个主线，原先建立的教师评价体系很多方面是正面的，对学校发展是有益的，这部分应该保留。有些条款思路陈旧落后，成为学校和教师发展的羁绊，应当改革。有些是新事物、新情况，应该作好规范和导向。

教师的工作更多的是良心活，我们出台制度是保底，即教师尽心尽力完成岗位职责，然后再扬正气、促成绩、求发展。既要让教师看到发展学生、成就自己的大道理，又要适当体现超工作量、优质所体现的优酬激励措施。

根据学校实际，校长要控制好节奏，把握好差距，让老师们看到改革的条款这个表面，也认识到这个条款背后对学校发展的预期，成为与教师发展同步的制度保障。绩效改革不是全盘否定过去，而是继承、创新和发展原有体制。

第三，怎么改革？教师是一个有着自尊、平等、敏锐等多种特质的特殊群体，因此在改革过程中要持一种以人为本的思想，以包容的心态、群众的路径和公开的流程去实现改革的目的。校长不是官,只是教师群体的一员。校长应该沉下去,从教师发展的角度出发看问题。

各种利益诉求会影响方案的制订。这需要校长收集主流正面需求,包容看待个性需求,从人本角度去接近广大教师的期待,让一线民意成为改革的主流。校长需要做的是把广大教师的意见升格到学校发展层面的高度。即使出现一些矛盾和冲突,校长也应该尊重"问题",让大家看到一些个性需求的不合理之处。

绩效工资改革一旦形成决议,就应该作为学校管理的依据,让教师们有据可循,而且要公开透明。这样,教师个体努力方向明确,制度执行规范,有利于学校稳步发展。

(作者系浙江省慈溪市周巷镇潭北小学校长)
(文章原刊于《人民教育》2015年第17期)

莫让新事物成为学校发展的羁绊

赖高明

我在福建一所县级农村初中任教，近 6 年先后担任德育主任、教研主任和校长助理，参与了学校绩效工资分配方案的制订与实施，也体味着学校绩效工资改革带来的喜与忧。

教育局的绩效工资文件下发到学校之初，着实让学校热闹了一阵。首先，工资总额提高了，加工资是值得高兴的事情。其次，教师们抱着不同的心理围观：年轻教师很期待，因为这意味着可以多劳多得；而职称级别较高的老教师则在观望……这也成了我们制订校内绩效工资方案时的纠结——在公平和效率、稳定和活力的矛盾中，我们该如何把握？

新方案引起的震动

参照永安市教育局出台的绩效工资分配指导意见，学校的绩效工资分配方案艰难出台了。方案共有十几页，11000 多字，内容很精细。奖励性绩效工资 70% 按月考核发放，30% 于每学期结束后考核发放。其中，按月发放部分考核项目包括管理岗位津贴（包含班主任、行政人员、教研组备课组系列人员等 17 种岗位）、工作量津贴（包含教学工作量、前文提及的部分岗位工作量、值班、考勤等）。学期结束考核发放的项目包括学业成绩、德育工作、专业发展、培优补差、控辍保学等。

按照方案的愿景,学校绩效工资分配将最大限度地体现多劳多得的原则,但实施伊始即引起不小震动:财政核定我校教师人均700元奖励性绩效工资,满教学工作量、担任班主任等管理岗位、下班辅导次数多的教师可领七百多元至近千元,这些多为语文、数学、英语学科的教师;仅任满教学工作量但未担任班主任等管理岗位的老师可领三四百元;未任满教学工作量且未担任班主任等管理岗位的老师可领几十元到一二百元。

多劳多得的分配意图是明显的,但是却不能被广泛认可,一时间绩效工资的话题成为教师的谈资,大家关注的焦点在于"差距过大"。

修改稿之后的平静

学校的分配方案在风风雨雨中艰难地实施了一个学期,而在此过程中,校内的情绪性舆论始终未能平息。这让学校管理者很纠结,迫于形势对方案进行了修订。修订稿主要砍去了管理岗位和工作量重叠部分的津贴,二者取其一。然而,任何高明的管理者也无法拿出一个百分之百满意的方案来,修改之后的方案分配结果仍然有高低悬殊,却已不是普遍性问题了,新方案总体上体现橄榄形态势。

一次行政会议上,有人提出绩效工资差距的问题,我提出一个见解:考量是否合理的标尺是将金额与工作负荷对比,若二者相当则说明总体上没有问题,仅看分配结果数额就大喊不公的,可能是因为承担工作量少而领取绩效工资份额少的人,学校管理要重情感更应重理性。此后,关于绩效的问题渐趋平静。认可?被动适应?不抱希望?我在寻思……

盘点与反思

绩效工资的实施过程,是一次学校管理优化的过程,我们在反思中前行。

"理想主义"行不通。理想主义对于制度建设是行不通的,完美主义的管理思想往往可能碰壁。管理要受各种现实因素的制约,不存在绝对的公平,不同主体想法亦不同,但管理者应当始终追求公正的管理价值取向。

学校希望通过精细考核来实现多劳多得的目标，而实践中考核"量"容易，考核"质"却很难，希望撇开职称因素而单纯以工作岗位等"量"的因素来作为绩效分配主要依据的做法阻力重重，因为年纪较大、职称级别较高的教师无法和年轻教师比工作量，但他们却是校园中话语影响力较大的群体。

考核催生管理智慧。教师普遍认为绩效工资属于"工资"范畴，而不是"奖金"，职称级别较高的教师认为绩效工资是按照职称比例核拨到学校的，自己所占份额理应更大，所以无法接受"被拉平""被拉低"的事实。种种困境表明，绩效工资的激励作用如何发挥面临挑战，不少校长也抱怨自己手上可以调控的激励手段太少了。而当面临稳定和活力的矛盾时，我们学校积极采取了"工作量趋平"的策略，以尽量缩小绩效工资的差距。

通过分配制度改革促进学校发展，是今后学校管理努力的一个方向，我们应具有担当精神和改革勇气，莫让新事物成为学校发展的羁绊！

（作者单位系福建省永安市第二中学）

（文章原刊于《人民教育》2015年第17期）

走出单一评价教师的困局

吴国平

以往学校对教师的评价相对单一而线性,以学生的考试分数论英雄、发奖金、定工作量、推荐评先评优评职等,成为异化的学校教育的产物。随着高中新课程改革的深化特别是新高考方案的实施,我们需要结合教育改革以及学校特色发展的要求,更新或重建教师评价体系。

不断拓宽教师评价的内容、领域和广度

课程改革的深化和新高考方案的实施,极大改变了原有的学校教育生态,整个学校生活样态显得更加丰富、多样、开放和自主,这意味着教师需要承担传统课程教学、班级管理职能之外的更多工作任务,其工作方式、内容、特征日趋综合化、素质化、个性化,课程建设者、生涯指导者、教学研究者、学生个性化成长指导者等成为其需要努力扮演好的新角色。为此,我们在教师评价中努力体现教育改革所带来的多维度特征。

一是利用《校本研训手册》推动教师专业发展。2011年,学校研制出台了《镇海中学教师专业成长暨校本研训手册》,分"我的成长规划""我的成长历程""我的成长收获"三部分,称为"成长三部曲"。

其中,按照教师专业成长的内容,"我的成长历程"大致设置了精品课堂、听评课记录、主题教研活动、专家讲座、课题研究、校本课程建设、教育阅读、教育写作、教育碎思、实践偶得、教育教学理念更新等 11 个项目 17 个板块，贯穿教师整个学年的工作，覆盖教师专业发展的基本领域，体现了教育改革对教师专业发展的最新要求。教育碎思、实践偶得、教育教学理念更新等项目的安排，能够把教师处于散发、偶发状态的理念感悟、教育智慧等明晰并固定下来，有利于推动个人教育思想体系的逐步建构。

17 个板块有些为必修、有些为选修，每个板块对应一定的学时数，教师只要修满 24 学时即为合格，学校建议各位教师参加所有的研训内容。

二是实施新的《镇海中学教研组考核细则》，修订后的《教研组考核细则》分基础和加分两部分，共 12 个一级指标，60 个二级指标，每个二级指标又细分出 3—5 个三级指标。与过去相比，指标数的增多不仅是因为相关指标被分解得更为明晰具体，最主要的原因是增加了不少新的评价内容。如"加分部分"，包括承担学校重要会议活动、辐射示范作用、临时教学科研任务三个主要方面，而"承担学校重要会议活动"又细分出读书节活动、艺术节活动、科技节活动、体育节活动、跨区班招生考试和临时教学与管理、重要会议、校本课程建设 7 个更具体的考核评价模块，"临时教学科研任务"则细分出参与学校重大课题研究、弹性申请学分、实验活动、优化学生作业实验活动、开设临时公开课、开展临时性交流活动 6 个模块。

无论是《校本研训手册》还是《教研组考核细则》，都关注了教师工作、专业发展及相应的教师评价的丰富维度，较好地实现了基础与专长、共性与个性、团队与个体、显性与隐性的有机统一，多把"尺子"为教师指明了更多的专业发展方向和更多的发展可能性，让教师获得了更多发挥专长、释放潜能、展现个性的机会和舞台，也获得了更多的组织认同、他人认同和自我认同的机会。

有机整合评价资源，促进教师的自我认知、自我评价和自我完善

传统的教师评价主要由学校领导和相关职能部门执行，不可避免地存在主观性、片面性、被动性，无法全面、客观、公正地反映教师的真实情况，不能充分发挥教师评价的积极作用，甚至产生各种负面影响。为此，

我们从以下几个方面创新教师评价体系。

一是增强教师的自我发展意识，强化教师的自我评价。每学年开始前，学校要求全体教师在《校本研训手册》上制定自己的学年度发展规划，引导每位教师在分析个人发展现状的基础上规划自己本学年的发展目标、任务、重点及相应实现路径。年度计划的作用显而易见，因为"目标引领方向、凝聚力量，规划明确路径、集聚资源"。每学年结束后，教师同样需要在"我的成长收获"板块对自己整个学年的个人成长情况进行总结、评估、反思和展望，并简要罗列本学年的一些重要成果和关键事件。

可以说，《校本研训手册》的一大鲜明特色就是突出"我"的角色和地位，每一个研修项目都以"我的"为前缀，无形中对教师形成积极的自我暗示，增强大家的主体意识和内在驱动力。在不断"规划—行动—总结"的螺旋上升过程中，教师专业成长成为一项自主、自发、自觉的个人行为。

二是强化学生在教师评价中的作用。师生关系是学校组织中最重要的人际关系，作为教师最主要的服务对象，学生对教师的评价最为真实、客观、直接而富有说服力。这种评价有些是显性的，如学生的成绩、学生对教师的好恶、学生对教师教育教学方式方法的意见和建议等。对这些评价信息，学校相关部门可以通过教学情况分析、学生访谈、调查问卷等形式获得并传达给教师，成为评价教师工作的一个依据。

课程改革背景下，师生之间的互动、融合更频繁、更丰富，学生在课程、课堂、活动、社团、导师等方面有了更多的自主权。如自由选择他所喜欢的老师，还能在学校贴吧、校园文化活动、由学生社团发起或学校发起的诸如"最美教师""最受欢迎教师""教师形象漫画展"的活动中自由表达自己的喜好。这种自主选择、自由表达本身就是对教师的隐性评价，能促进教师的自我审视与完善。在新形势下，学校创设和搭建了更多师生互动交流的平台，让教师在多元化的师生交流中获得有效的评价信息。

三是增强教师评价的专业化水平。教师评价要做到科学、合理、公平、公正，评价的标准、工具和方式必须是可靠的、制度化、标准化和程序化的，而不能依赖少数人的主观意志和经验判断。为此，我们在选修课程建设、校本教材编写、有效教学推进、成长导师制、教师科研论文等各个方面都制订了明确具体的评价细则,实施规范有序的评价流程,设立多个由民主推选、职责明确的校内(专项)教学学术评议机构,同时引入高校、科研院所的专业力量介入评价过程,使教师评价更加全面科学、公正透明、真实可信,同时也更好地发挥以评促改、以评促进的作用。

(作者系浙江省宁波市镇海中学校长)
(文章原刊于《人民教育》2015年第14期)

谁来调动教师的积极性

——以"完全组阁制"化解学校管理难题

周 华

年级组长没人当,班主任没人当,备课组长没人当,有教师请产假需要代课时没人愿意代,就连考试监考多出一场甚至 30 分钟教师都要斤斤计较……这是我刚刚担任校长时面临的状况。我观察到,当下不少学校也面临这样的尴尬。

当学校出现这样的问题时,意味着教师已经把自己与学校"分离"开来,教师个人利益与学校利益处于"失衡"状态,甚至把工作当成了负担。教师在学校没有存在感、参与感,更没有工作的获得感。

从"人本管理"自我实现的层面设计学校管理制度

当一个教师的工作积极性需要校长或者别人来调动的时候,这位教师的工作状态可想而知;当一所学校需要想方设法调动教职工的积极性时,这所学校校长的管理一定出了问题。

拿什么调动全校教师的积极性?奖金,晋级,表扬?抑或是开会喊口号?靠别人调动起来的积极性,真的有效吗?真的能持久吗?那么,教师的积极性由谁来调动?当然不是校长,也不是其他领导,而是教师自己。

教师工作的积极性必须由教师自己调动。

当前，我国经济社会全面转型升级，教育领域综合改革早已拉开帷幕。社会经济条件的变化，带来了老百姓包括广大教师对自身幸福指数的高度关注和自我意识的不断强化。全社会对于教育的重视和尊重日益提升，而学校教师承担的压力也与日俱增。教师自身诸多关乎职场之外的幸福诉求，比如健康、家庭、兴趣、休闲等，与教师职业的光环及工作要求之间的矛盾也日渐凸显。教师职业倦怠较为普遍，直接表现为工作缺乏激情，职业理想弱化，无成功追求，效能感降低等。

传统的以行政为单一主体、学校利益至上的管理模式已经越来越不适应形势的发展，学校管理的许多工作难以通过行政命令手段来推动，或者即使布置了，也难以收到满意的效果。签到、监管、强制、号召等传统的管理手段，把教师个人幸福与学校利益对立起来，以致学校管得越多，教师越抗拒，关系越紧张。

这种状况令许多校长深感无力、无奈和无助。新形势下，学校领导靠站在道德制高点以居高临下的绝对权威发号施令已日渐式微，必须从"人本管理"自我实现的层面设计管理制度和实施人本管理策略，找到学校利益与个人利益的平衡点，寻求教师自我幸福与提升教育工作水平的最佳结合点，变单个主体管理为多元主体管理，让每位教师都成为学校管理的主体，从而让教师拥有更多的存在感、参与感和自我实现的获得感。

"完全组阁制"实质是对管理者及其团队充分信任基础上的充分授权

教师出现这样或那样的问题，很有可能是校长的理念和管理的机制存在问题。那么，怎样才能让教师拥有更多的存在感、参与感和获得感，破解学校管理难题？针对学校存在的问题，我校在试行教育行政部门推行的"校长组阁制"基础上，放手下移管理重心，在学校各层面自上而下全面推行组阁制，一组到底，我们称为"完全组阁制"。

"校长组阁制"即教育行政部门聘任校长，校长自主聘任组建领导班子，教育行政部门每学年对校长组阁的团队进行考核，不合格的校长及其领导班子成员将被集体解聘。

"完全组阁制"是对"校长组阁制"改革的拓展和延伸，从高层到基层，层层组阁，交错式覆盖年级、班级、教研组、备课组等各个层面和重要节点，以管理层面为平台，以精细管理为手段，以提高效能为目标，构建处室、学部、教研三线融合和管研一体的团队化、网格化、精细化的现代学校管理新模式。

"完全组阁制"让每一位教师或主动或被动地投身改革，每一位教师都可能成为管理主体，拥有可获得成就的管理平台和展示空间，从而刷新了存在感，提升了参与感，增加了获得感。

学校发展的内生机制由此从传统的"火车跑得快，全靠车头带的绿皮车"转型升级为"校长把握方向，各车厢自带动力的高铁动车组"，推动学校发展驶上快车道。

"完全组阁制"离不开校长对教职工的充分信任。所谓"信任"，即"相信而敢有所托付"。试想，如果一个人总是言不由衷、言行不一，自然会让人怀疑其心意是否真诚。这样的人不可能赢得他人信任，自然也少有人敢"有所托付"。

其实，人与人相处的过程，便是一个选择是否"信任"的过程。"被信任"并不必然，也非易事。心存善意，言行适度，才有获得信任与尊敬的可能。

"学会信任"，其实是学着如何理性地分析问题，如何公正地评价他人，同时也是学着如何客观地审视自我、不断完善自我。一个学不会信任他人的人，其实也不太可能获得信任。"信任他人"本身也是一种包容和悦纳的能力，拥有一种坦诚与善良的心性。

"完全组阁制"实质是对学校中层管理者及其团队充分信任基础上的充分授权，为中层管理者搭平台、架梯子，从而帮助教师自我实现，实现个人价值。这个机制有助于让每一位教师调动自身积极性，把个人幸福、利益与学校的发展、利益统一起来，实现双赢。

"学部主任组阁"化解"年级组长没人当"难题

我们将年级组升格为副校级学部。学校成立高一、高二、高三3个学部,设3名副校级校长助理,将校长助理和学部主任捆绑成一个岗位,聘期3年,公开招聘。

所谓"捆绑",即如果你不再担任学部主任,则校长助理一职自动卸任。此方案一经推出,立刻在教师中获得积极响应,一些拥有丰富年级组管理经验的中层干部和教师踊跃报名,令校长头疼的年级组长人选问题就此化解。

多年来,年级组管理最为突出的一个问题是过于倚重年级组长的个人能力和水平,而忽视了团队的力量。如今,单打独斗的个人英雄时代已经终结,取而代之的是团队的力量。只有优秀的团队,才能培养出尽心尽责、能力非凡的多元化优秀人才,才能酝酿出勤勉、诚信、团结、高效、自律的管理队伍,使团队朝着更高远的目标不断迈进。

我们加强学部管理团队建设力度,实施"学部主任组阁",即将一个年级视作一所分校,由副校级学部主任全权负责学部事务,组建学部管理团队,以团队的力量管理学部。在学部主任组阁制下,学部主任自行聘请1名学部常务副主任、1名教学副主任、1名政教副主任;每个学部成立学部党支部,配备党支部书记1名,分管该年级的党务和后勤工作,形成"五人学部管理团队"。

各学部独立运作,自主管理,教学线、政教线与后勤服务线自成体系,常务副主任以联系、协调、督查学部工作为其职责;教学副主任负责本学部教务工作,包括备课组管理;政教副主任负责本学部德育管理工作;党支部书记除负责党务工作外,还要协调解决本学部后勤保障问题。原则上,学部主任拥有本学部人事权,可聘请班主任、各学科备课组长以及各学科任课教师。学部各项工作只要不违背教育方针政策和学校规章,不涉及其他年级,均由学部自行解决,解决后上报相关处室备案。

学部主任组阁赋予学部主任充分的自主管理权,在一定程度上可以按照自己的想法管理年级，充分释放管理者及其团队的智慧和潜能。该项机制运行以来，团队管理高效运作，学部各项工作成效显著，尤其是在应对新高考学业水平考试和选考的课时调整、教师调配等方面，显示出优越的适时性和灵活性，化解了令人担心的新高考教务管理方面的诸多棘手问题。

"首席导师组阁"化解"班主任没人当"难题

我们取消"班主任班级管理制"，实行"完全导师制"和"首席导师组阁制"。

"完全导师制"即全体教师都担任导师，参与育人。我们把班级学生分为若干小组，每位导师负责10名左右的学生，也有人称之为"全员育人导师制"。

"完全导师制"要求全体教师关注每个学生从入学到毕业的整个教育过程，包括学习、生活、德育等各个环节。这要求教师对学生的教育要有整体性和一贯性的观念，在任何环节都不放松对学生的教育和指导。

只有人人参与管理，才有可能真正实现个性化教育。"完全导师制"把1名教师对40名学生甚至更多的学生变成1名教师对10名学生，原本让班主任不堪重负的工业化管理的担子变成由导师团队共同分担，这种减法对于教育教学效果增长的作用不可估量。

"首席导师组阁"是由学部主任为每一个班级聘请1名首席导师，再由首席导师在本班任课教师中聘请3—4名导师，组成导师管理团队。选聘导师的范围包括所有学科教师，以往没有机会担任班主任的学科教师，如技术、音乐、体育、美术等学科教师都在其中。

"完全导师制"要求将一个班级的学生分成3—5个异质学习小组，每个小组设1名导师，小组之间可在德、智、体等多方面展开竞争。首席导师有权决定本班需聘导师的数量以及聘请谁担任导师，并负责协调、管理、评价导师的工作，主持每周导师工作例会，采集并分析各学习小组的数据及时传达给各导师。导师对首席导师负责，首席导师可兼任导师也可不兼任。学生出现问题，非紧急情况由所负责的导师自行解决，首席导师一般不直接参与。

"完全导师制"对班级管理也实现了团队管理，大大减轻了班级管理的个人负担。从班主任到首席导师，从任课教师到学生团队导师，定位的变革、职能的转换、新颖的管理方式，重新点燃了教师心中对班主任这份"苦差事"的热情，吸引了众多任课教师的积极参与。

其实教师都知道，当不当班主任在学生心目中的地位有着天壤之别。导师团队依靠集体智慧群策群力，并能充分发挥教师的个人经验和专长，使班级管理更为高效，学生个性化教育得以实现。同时，也充分保护了任课教师参与班级管理的积极性，特别是技术、音乐、体育、美术等小学科教师。

在推行过程中，班级管理经验丰富的任课教师特别受欢迎，他们所在的管理团队的凝聚力更强；而那些平时工作懒散、责任心不强的教师，得不到聘请被边缘化的趋势，又迫使他们改变工作状态以赢回尊重。

学科主任组阁和教研组长组阁：人人都是管研者

随着学校规模的扩大、同年级班级的增多和任课教师数量的加大，学校教研组组织教师教研变得越来越困难。

在以年级组为核心的管理体制下，特别是在年级组升格为更强势的学部制管理后，学部必将更加重视备课组的管理与建设，并要求备课组以本学部为中心开展各种教研活动。在这种情况下，学校如果再仅仅依靠教研组来管理学校教学与研究，显然不现实。就现状而言，语文、数学、英语等大组教师数已近30人，物理、化学组教师业已超过20人，学校教研组每月组织一次集体活动，但想要组织高效的教学研究活动已显得力不从心。

与此同时，备课组的作用及意义正在加强，对教师的帮助更实在。备课组每周组织一次集体备课活动，更多地在发挥学校教研组的教学研究角色。实际上，学校教研组的地位受到挑战，已开始走向名存实亡。

然而，一个年级的备课组又难以承担学校教研组的教研工作。其"备课组"名称决定了它只能以"集体备课"为中心，开展与备课和课堂教学相关的活动，教师的轮换和变数也使教师自身难以建立对备课组的归属感。备课组长不会关注"备课"以外的教研事务。

教研组与备课组的改革势在必行。我们把语文、数学、英语等超过20人的教研组直接升格为学科教研室，把物理、通用技术和信息技术合并为理技教研室，把化学和生物合并为生化教研室，把政治、历史、地理合并为文史教研室，把音乐、体育、美术合并为体艺教研室；教研组长升级为教研室主任，各年级备课组升级为教研组，备课组长为教研组长，聘期3年。同时，将学科教研室主任与其所在年级的教研组长实施捆绑，以确保学科主任的工作既能统领全局又可接地气。学科教研室主任下设两名副主任，也与两个年级的教研组长进行捆绑。学科主任负责学校层面本学科的教学研究和学科建设工作；各教研组长则负责本学部的教研工作和教研组建设。学科主任有权向另外两个学部主任举荐教研组长人选，并共同确定最终人选。学部教研组长则负责组建本学部的教学研究骨干团队，每周组织常规教研活动。

学科主任组阁使得逐渐被边缘化的教研组长在职级上有所提升，并被明确赋予学科建设与发展的职能，获得更大的平台和更多的资源，使之重新焕发出活力。组阁制则有助于团结教研组的力量，发挥各教研组的工作积极性，实现学科建设思想，同时较好地解决了年级之间的传承问题。

长期以来，备课组长和班主任工作一样，压力大、工作累，教师往往"敬而远之"，令负责推选的教务主任头疼。有时只好通过"做工作"的方式强迫教师承担，甚至让没有什么教学经验的年轻教师担任。教研组长组阁在提升备课组长职级地位、拓展工作职能范围的基础上，又赋予组长组阁权，可以自己确定若干教师参与教研组管理和建设，组建集体备课和教学研究核心团队，扎实开展每周一次的集体备课和教学研究活动。此举一并解决了组长无人愿当、集体备课活动低效等难题。

充分信任、充分授权，应该是现代学校管理制度改革的方向。实行"完全组阁制"，让每一位教师都成为管理主体，为每一位教师提供适合的平台，创造了获得认同的机会。教师的主体意识自然而然地被激发出来，对工作的热情,对学校的认同,在学校工作的幸福指数都发生了极大的变化,这正是现代学校管理者希望看到的教职工工作状态。

"完全组阁制"的管理机制下,校长简政放权,工作重点也转型升级,可以跳出烦琐的学校日常事务,站到更高的角度思考学校整体发展,用正确的教育思想引领学校前行,有更多的时间整合校内外资源,对学校的各项工作进行更为科学的考核与评价。

(作者系浙江省龙游中学校长)

(文章原刊于《人民教育》2017年第02期)

辑五
用课程改变学校

使核心素养落地是校长课程领导力的重要标志

任学宝

核心素养是校长课程领导力的一个有效切入点

记得曾与一位有30多年"校长龄"的老校长有过一次较为深入的交流,他在总结他的经历时说道:"2000年以前校长当得很轻松,因为我只要按照上面的规定,按部就班完成各项计划就可以了,但此后校长似乎成了一个任重而道远的职业。"

这位老校长的一番话让我生发了一些思考。究其原因:一方面,国家、地方和学校三级课程的确立让校长对学校管理和课程建设有了主动权,更多的权力代表了更多的责任和担子;另一方面,步入21世纪以后,教育教学改革浪潮不断涌动,作为教育理念、政策和一线课堂教学的重要桥梁,校长所承担的工作越来越重,单纯的学校管理已经不足以满足新形势下校长所肩负的职责。校长从一个学校的管理者转变为学校建设发展的引领者,因此"校长领导力"这一概念在这几年迅速走红,而其中"课程领导力"更是一项核心领导力,是校长专业发展的重要组成部分。

虽说与教务管理相比,课程领导力包含了更多的内涵,如对课程价值的理解、课程内容的研发、课程实施的管理、课程评价的制定等,但课程领导力仍然是一个比较宽泛的界定,它需要一个载体来切入,需要一个更为上位的概念。

在当前的教育改革中,"核心素养"一词被不断提及。随着有关研究的不断深入,以"社会责任、国家认同、国际理解;人文底蕴、科学精神、审美情趣;身心健康、学会学习、实践创新"为要素的中国学生发展核心素养成为社会主义核心价值观的有效载体,也成为编制课程标准的主要依据。

可以说,核心素养的研究将引领新一轮的课程改革,而在这个"让情怀落地"越来越受欢迎的时代,如何让学生发展核心素养落地,便成为校长课程领导力最有效的切入点,也是考验校长能否适应新形势下角色转变的重要标志之一。

让核心素养落地需要注意什么

有人将学校管理比作烹制一道美食,我非常认可这一比喻。事实上,让学生核心素养落地也是一个"加工美食"的过程:学生就是我们的顾客,学生未来的发展就是我们所希望呈现的最后的美食,而美食烹制的过程就是校长课程领导力"披荆斩棘""熠熠生辉"的过程。在这之前,我们需要考虑以下三个因素。

一是考虑定位,罗列已有食材。烹制任何一道美食的前提就是要查看自己拥有哪些加工的素材。要真正发挥校长的课程领导力,定位的确认是必不可少的条件。一位校长想要让学生核心素养在本校生根发芽,首先就要考虑学校的定位和基本情况,如偏重学术性的高中对于学生核心素养的理解和落实显然和偏重应用型的高中有所不同,一所现代化高中与一所农村学校的办学条件也不尽相同。要想所有学校都培育出全面发展的人,就好比让厨师用不同的食材做出相同的满汉全席,最后的结果无非就是形似神不似,这样就违背了教育的本质。

二是考虑需求,树立"顾客是上帝"的意识。在服务行业,"顾客是上帝"一直是最高的标准,它体现的是"顾客需求至上"的理念。对学校来说,它所服务的对象有广义和狭义两种:广义的对象就是为社会输送的合适人才。至于社会需要怎样的人才,这在学生核心素养中已经有了详细的指标。而狭义的对象就是学生。学生主体性理念已经被多数教育工作者所认同，因此要想让核心素养落地，校长的课程领导力必须充分考虑学生的需求。一方面，各种核心素养在每个人身上体现的强弱程度不同，这就需要关注学生的已有基础；另一方面，学生想要达到的目标也不同，因此对核心素养的具体需求也不一样。

三是考虑未知，不当"只会做一道菜的厨师"。很多校长都会想到前面的两个因素，但对于未来的研究乏善可陈。事实上，一个优秀的厨师不可能永远只用一道菜来服务顾客，他需要了解未来顾客可能喜欢的口味，并不断改进自己的厨艺。学校管理也是一样，在这个日新月异的时代，"不断的变化和永恒的变革"才是唯一不变的事实。因此，在使学生核心素养落地的过程中，校长的课程领导力不能局限于当前，应该将学校置于历史的发展中进行考虑。目前浙江省正在试点高考招生改革方案，一些校长花了很多心思应对学生的选择、师资的调整、教室的配给等，而对于未来的招生改革以及学生在大学和社会中发展所需的能力没有进行通盘考虑，这种狭隘性或将在若干年后凸显出其影响。

学生发展核心素养的转化途径

相比于社会主义核心价值观培育和立德树人的根本任务，学生核心素养有关意见（征求意见稿）已具有很强的可操作性，通过3个一级指标、9个二级指标以及25个配以解释的三级指标的分解，学生发展核心素养有了具体的指向。但在学校层面，核心素养仍然过于"上位"，因此校长的课程领导力在学生核心素养、学校课程建设和学生成长三个维度之间扮演了一个极为重要的枢纽角色。

作为校长领导力的核心，课程领导力主要关注课程体系的建设与教学模式的重构，因此对于学生核心素养的转化，也要集中在课程建设和学科渗透方面。

（一）基于核心素养的课程体系建构

校长课程领导力的最直接作用点就在于学校课程体系的建构，而根据本校实际和学生需求完成课程方案设计，则是促使学生核心素养落地的最直接、有效的途径。

第一，做好校本选修课程与国家、地方课程的有效衔接。浙江省新高考改革和课改的核心词是"选择"，因此学校需要开设足够多数量、足够高质量的校本选修课程来满足学生多样的选择。但是，选修课程的开发、开设并不是拍脑门儿决定的，也不是教师擅长什么就开什么，只有以国家和地方课程为主干，向四周不断衍生的选修课程才是符合发展核心素养的选修课程。另外，学校也要根据本校实际对国家课程和地方课程进行编排整合，打通必修课程与选修课程之间的通道，从而将核心素养的各项指标分解到具体的课程中，使得学生通过对课程的修习达到发展的要求。

第二，依据核心素养开发开设课程群。课程群是指一系列具有相同主旨的课程按照一定的逻辑和层次进行组合后的课程形态。一般来说，优质的课程群有两大来源：一方面，可通过挖掘学科内部或者学科之间的逻辑来构建专业的学科课程群；另一方面，也可以充分利用学校或地区特色来渗透多门学科。例如，浙江有学校就以西溪湿地课程构建特色选修课程群，将化学、生物、美术、历史、语文、外语等多门课程进行整合，体现了学生发展的多样性需求。

第三，充分挖掘校内外资源，保证核心素养的有效实施。校长的职责之一，就是挖掘并有效利用校内外资源，这是促使核心素养通过课程得以实施的必备条件。校长需要借助社会企事业单位、大专学校、职业院校等外在资源为学生多样化的核心素养培养提供支持；校长也需要进一步挖掘校内资源，通过学科教室建设、教师专业化培养及学校文化建设等途径为核心素养落地生根护航。

（二）基于学生核心素养的学科素养体系建构

如果说课程体系的建设是校长以课程领导力促使学生核心素养落地最

直接的方式,那么通过将核心素养分解为学科的专业素养则是一种"曲线救国"的方式。不同学科对学生的核心素养发展都有贡献,但贡献程度却不一样,因此研究学科的素养体系成为促使学生发展核心素养的间接途径。

首先,学科的核心素养目标是学生发展专业素养的具化,是在充分考虑本学科对于发展学生核心素养贡献的基础上制定的。其次,学科的教学内容必须充分考虑到专业素养的渗透和落实。再次,在学科教学建议中,要以多样化的形式促进核心素养通过课程真正内化于学生。最后,在评价体系建构上,更要将学生核心素养的落实情况作为学科目标达成的重要依据,从而为进一步的教学提供诊断信息。

基于这样的转化关系,我们可以从学科知识、学科学习方法、学科思维和价值观等四个层面自下而上架构学科素养的金字塔模型,并借助学科课程纲要的撰写来规范学科教学要求、教学进度安排、考试节点建议等内容。

对于一线教师来说,将学生核心素养转化为学科专业素养的途径更符合日常的工作习惯,也为他们开展各层次、各类别学生的教学活动和评价活动指明了方向。同时,校长通过构建"核心素养—学科素养—课程建设—课堂教学—综合评价"这一系列模型,能更好地将学生核心素养具体化、易操作化。

上述两条只是校长领导力在促使学生核心素养真正落地的一些具体操作策略。需要注意的是,无论采取何种措施,时刻激发学生的热情是保证核心素养有效落地的根本条件。"不让学生的精神去流浪",这是学校育人工作的第一使命和责任,因此校长在课程领导力方面要更多地关注诸如显隐性课程的对接,要用学生喜欢和易接受的方式去搭建平台。

随着学生核心素养的逐渐完善,教育也有了自己的指明灯。我们要深入研究学生发展核心素养的具体落实路径,让选择回归教育的原点,促进学生全面而有个性地成长。

(作者系浙江省教研室主任,浙江杭州师范大学附属中学原校长)
(文章原刊于《人民教育》2016年第12期)

从学生真实生活出发建设课程

周　颖

校长的课程领导力意味着，校长要具备课程与教学的基本素养以及落实课程的有效行为和策略，还要善于鼓励、指导更多的教师，让他们在课程建设工作中发现或实现自己的价值。

学校课程建设和实施应站在学生立场上

课程观的基础是教育观。对"培养什么人，怎样培养人"这一核心问题的回答，是校长的基本价值取向，它取决于党和国家的教育方针、学校教育文化历史以及校长当下的教育实践与思考。

培养德、智、体、美等全面发展的社会主义建设者和接班人是教育的终极目标，也是每一位教育工作者特别是校长必须在教育中实现的国家意志，因此校长的价值取向必须体现学生全面发展，课程观同样如此。课程建设和实施应该站在学生的立场，努力促进学生主动发展、快乐成长。

什么是课程？如果把课程理解为国家规定的各学科教学内容的总和，那么课程对学生而言就是前人留下的知识文化及这些知识的逻辑架构，它成了独立于师生主体之外的缺乏情感与温度的一个物件。虽然在学习的过程中师生可以体会、挖掘，但它们只是教师必须传授、学生必须掌握的理性的学习任务。

实际上，课程包含了学生学习过程中实现的全面成长。如今，"课程是学习经验的总和"这一观点为越来越多的校长和教师所接受。那么，学生的学习经历以及在学习过程中师生共同形成的学习经验，就不再是静态的知识，而应包括课堂上学生通过与教师、同伴交往所形成的人际关系，还包括学习中形成的对自己、他人和班级的看法以及情感体验与价值判断。

在这个意义上说，课程必然会融入人的要素（至少包括教师、学生两方面），同时包括学习环境和资源等，几个要素协同运作，就呈现出各校不同的国家课程实施及校本课程建设状态。而校长的课程领导力就体现在建设良好的学习资源和环境、和谐互动的师生关系，带领教师致力于课程规划、开发、实施、管理和评价，促进师生成长。

传统课程观认为，学校的课程内容是人类文明与智慧的结晶，文化传递是教育的题中应有之义，学习是为了继承昨天，也是为了准备明天。学校往往以成就学生的明天来规划、设计学生的今天，因而课程的实施更着眼于学生的未来。

这种价值取向无可厚非，但在我看来，学生当下的学习也是他生命旅程中的重要一段，因此学生当下的生存状态（主要是学习状态）同样需要关注。课程设计与实施要对学生产生积极影响，要注重学生学习的质量指数和幸福指数。校长要努力让课程关心学生学习过程中的情绪和情感——学生通过怎样的方法学习，头脑中形成了怎样的建构，养成了怎样的学习习惯，何种程度上激发了他的潜能……简言之，让课程为学生的今天负责，才会继承人类优秀文化，同时为明天的创造奠基。

校长要鼓励教师从学生真实生活出发，推动学生主动学习

国家课程的设计没有也不可能针对某一特定地区或特定群体的师生，因而落实到具体学校时会与学生的经验与兴趣、教师的意志与构想存在一定距离。教师的课程设计立足于"教"还是"学"，这是新旧理念和行为的分野。校长要鼓励教师从学生真实生活出发，设置具体情境，从学生认知规律的角度设计课程并组织课堂学习，推动学生主动学习。

比如英语课程的设计与实施。牛津译林版初中英语教材中每个单元都有 TASK 作为单元总结和运用，以完成写作任务的方式呈现。过去以教为中心的常规设计是这样的：根据教材提供的句型和词组，完成范文填空或阅读现成的文章，教师重视语法的正确性，不在意学生如何把生活中的感受表达成文。

这种设计并不是旨在让学生学会自主写作，而是为了强化掌握单个词组与句型。学生语言积累虽然不多，我们还是要鼓励学生用外语去表达生活中的真实场景和感受。现在的设计一般是这样的：先是无拘无束地写下想表达的生活经历和情感体验，可以用单词或短语，不必顾虑拼写和语法，这样可以消除学生运用第二语言写作的恐惧和顾忌；然后写出详细提纲，重组信息和要点，此时要注意拼写和语法的准确性；最后扩展提纲，书写成句成篇。实践下来，学生学习效果有明显改善。

课程的设计与实施需要教师的智慧，而作为师生共同经历的课程，如果能师生共同创设，将更易于激发学生的学习热情。这种创意与智慧的学习给予学生发表学习成果的机会，改变了教师高高在上的形象，师生的关系更为融洽，学习活动也更容易展开。

苏科版物理教材八年级上册第一章《声现象》第二节"乐音的特性"有个课后小制作，要求自制简易乐器、给乐器分类并在组内展示。这个课外作业如果不加注意，教师随口一说，学生做与不做也不可知。但学校物理组教师非常重视这项作业，从一开始的部分学生参与制作，到年级的物理制作比赛，最终 4 名学生在教师指导下设计并动手做了各不相同的实验，探究自制弦乐器的发声原理及相关要素，撰写出研究报告，最后以实验方案、视频和实验总报告《自制弦乐器发声要素的实验探究》，获得江苏省教育厅 2015 年组织的初中物理综合实践活动一等奖。通过几年努力，"声学小制作"成为我校师生共创的物理课程，被越来越多的教师认可。

校本课程的体系化逐渐成为学校课程建设的目标，越来越多的学校热衷于建设大体量、体系化的校本课程。我认为，国家课程是一个庞大的体系，它关注到学生成长的方方面面；校本课程作为其补充，依据学校特点，旨在学生发展，更主要的是要依靠自己的教师来建设，因此，体量小、品种多甚至碎片化就是校本课程的常态，只要能满足学生发展需求的课程就是好课程，而不必纠结课程的体系性。当然，学校师资力量很强，或者通过区域协调共同筹建体量大、品种全、体系强的校本课程，是更理想的状态。

因此，我们建设博学课、博览课、博识课构成"小微课程"。博学课每门课程通常为4课时或8课时，每课时1小时；博览课由学校提供学习视频，供学生网上选修；博识课由学校提供校外实践基地，学生自拟课题自主选修。课程内容涉及文学欣赏、思维训练、科学实验探究、科学发明探索、生活技能、社会交往、体育艺术、美学修养、人格养成等。学校降低了校本课程的门槛，每位教师都可以依据自己的爱好和专长开设选修课，学生就有了更多的自主选择课程学习的机会。

教师依学而教，学生主动学习，共同获得美好而有价值的学校生活经历

体现国家意志的课程是完全预设的课程，课程设计者根据国家的意识形态、学科知识结构和学生认知发展规律进行设计，它具有普适性，但也缺乏针对性。同样，过去的学习是在听讲、记忆、训练、考试这一基本流程中完成的，学习的时空主要在课堂，学习活动大部分发生在师生之间，少部分发生在同伴之间，学习形式比较单一，学习结果基本也在教师的预设范围之内。

今天，我们倡导学生自主学习，"时空"也跳出了学校，学习活动不仅仅发生在师生之间，特别是城市的学生会在业余时间进入社会办学机构学习，还有的学生利用学习APP和互联网学习，学习过程与结果呈现不可测的情况。

校长应该鼓励教师设计并实施多维课程，适应后工业时代权威解体、标准多样、海量信息的社会特质，让学生用多种手段和途径完成学习的建构生成。比如，学校开设主题为"走近苏东坡"的文学阅读课，教师要求学生读林语堂先生的《苏东坡传》，自选苏东坡的两篇作品深度阅读，完成对苏东坡的评介。不同的作品，不同的资源，不同的阅读平台和方法，学生的学习成果各不相同、各有特色，这些学习成果放在一起，可勾勒出苏东坡其人其文的大致轮廓。

如前所述，学生的在校学习还有个体社会化的任务，学生在教师指导下学习，在伙伴集体中学习，通过学习学会与人相处、与人合作。从这个角度说，集体学习的地位和产生的积极影响毋庸置疑；同时，在集体学习情境之中，学生的部分自学能力也得以习得与培养。

但学生是各不相同的，学习需求也不一样，因材施教一直是古往今来的教育理想和追求。近年一些学校尝试分层教学和走班教学，从行政班集体教学向前跨出了一大步，但本质上教育的着眼点还是"分类"，而不是面向"个体"。如果真正做到根据学生的学习经验与特点精确设置并实施课程，不仅能大大提高教育效益，而且也实现了从根本上尊重学生。荷兰阿姆斯特丹的 Steve Jobs School，其教师被称为"学习教练"。每个学生拥有个人学习计划，每个孩子要面对个人的学习挑战，选择不同的学习方法。每 6 个星期依据学生、家长和"教练"的想法来调整学习，学校目前四到十二年级的学生都配有 iPad，提供许多个人学习的 APP，让孩子规划自己的教育。在那所学校，没有孩子会被遗忘，大家都有自己的学习速度。因此，如果我们认同"一切教育都是自我教育，一切学习本质上都是自学"，就应该更注重个体学习，当然这对学校的教育资源提出了更高的要求。

班级授课制由于受时空限制，学习往往是在教师指导下统一开展的。但我们可以看一下这样的生物实验课——"探究绿色植物对环境湿度的影响"，目的是使学生能具体而直观地了解生物与环境之间相互影响、相互适应的关系，通过室外测量实验感知环境湿度的变化，从而了解绿色植物对环境的影响。

具体实验方法为：学生依据实验目标，自行选择裸地、草地、灌木丛 3 种不同的环境，在同一时间段运用干湿计测量每种环境下的空气湿度情况，每个环境下测量 3 次，以减少误差；同时，也可选择同一环境在早上、中午和傍晚 3 个不同时间段进行对比测量，从而比较出不同环境下空气湿度的变化或者不同时间段空气湿度的变化。学生可根据自己选择的不同测量目的而设计和改进测量方法，同学之间可以进行数据的汇总比较、实验过程的交流分享。相较以往的统一方法、统一对象的实验形式，这能够更好地发挥学生的主观能动性，同时培养学生探究合作的能力。

　　教育的起点是学生的差异性，教育的终点是让学生成人成才。教育是有限的，学习是无限的。接受教育不是学生的天性，主动学习才是人的天性。校情各不相同，学校师生各不相同，校长领导的课程建设应该为学而设、师生共创，教师依学而教，学生主动学习，共同获得美好而有价值的学校生活经历。

（作者系江苏省苏州市振华中学校校长）

（文章原刊于《人民教育》2016年第12期）

当学校课程走向深度建构

杨培明

20世纪70年代,美国教育家施瓦布在《实践,一种课程的语言》中提出:"课程领域已步入穷途末路,按照现行的方法和原则已不能继续运行,也无以增进教育的发展。现在需要的是适合于解决问题的新的原则、新的观点、新的方法。"今天,在全面深化课程教学改革的背景下,施瓦布的论断似乎并不完全是危言耸听。

我们学校于2005年全面启动了学校课程改革。经过10年努力,已经出现了一批特色、品牌课程,受到学生的欢迎。在部分教师为此而陶醉的同时,我却感到前所未有的忧虑。

总体来看,南菁高中的课程还停留在一期课改的水平,主要表现为:课程数量不断增加,但课程之间缺少逻辑关系,课程理念没有实现教育的全过程渗透,教师的课程开发存在一定的盲目性,有的课程内容已经不能满足今天学生的成长需要。因此,整体规划、设计课程体系,深度建构学校课程已经迫在眉睫。

应重新审视学校课程价值

什么知识最有价值?唯一的答案——科学。在达尔文首次发表《物种起源》以及杜威出生的这一年(1859年),斯宾塞提出并回答了这个问题。

长期以来，以科学主义为追求的教育工具理性泛滥，使基础教育的育人价值没有得到充分体现。经过10年课改，基础教育特别是高中教育的应试价值过于张扬的情况没有得到根本转变，这不利于人的全面发展和社会的健康发展。

2014年3月，《教育部关于全面深化课程改革落实立德树人根本任务的意见》指出："课程改革面临新的挑战……学生成长环境发生深刻变化。青少年学生思想意识更加自主，价值追求更加多样，个性特点更加鲜明。国际竞争日趋激烈……这些变化和需求对课程改革提出了新的更高要求。"

南菁高中创办于1882年，前身是江苏学政兼兵部左侍郎黄体芳在左宗棠的协助下创办的"南菁书院"，"南菁书院"的前身是"经诂书院"。书院自建立起即以"忠恕勤俭"为校训，弘扬传统儒学，培养经世致用之人才。

在传承书院文化和对教育本质深刻认识的基础上，南菁确立了"办关注师生生命幸福的教育"的哲学追求，即以审美精神引领课程改革和学校育人实践，促进学生科学精神与人文精神协调发展，为学生终身发展提供精神动力和价值导向。因此，我们力求超越已有的主要由数量、特色构建起来的课程形态，以价值性、系统论、整体观为基础，让学校课程走向深度建构。

学校品位取决于课程体系中"真、善、美"的含量

从一定意义上说，学校是智慧美、思想美、行为美等一切美的发祥地。

南菁是江苏省唯一的美育课程基地，按照"课程目标的整体性、课程结构的多元性、课程教学的审美性"三个原则，南菁提出了"四美"课程目标，即美的课程、美的课堂、美的学生、美的教师。

"美的课程"，即按照真、善、美的价值目标，将人文、科学、道德、艺术、生活等课程内容，按一定的层次和结构关联性加以整合。在中国教育科学研究院和教育部中学校长培训中心专家团队的指导下，学校充分发动师生参与，经过方案征集、多次讨论，最终形成了"大美育课程体系"——"两轴、三级、五域"的扇形结构（如图1）。

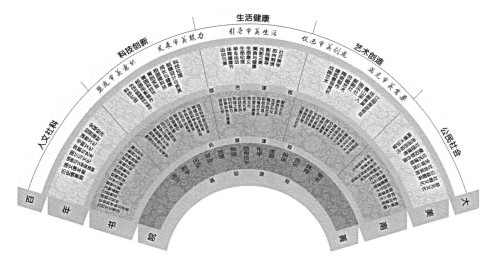

图1 "两轴、三级、五域"课程体系

两轴（两个扇柄）：化自学校建筑群的两条核心轴线，即历史轴和现代轴，分别代表南菁书院的历史和未来。双轴也象征着钟的时针和分针：从"百年书院"走向"大美南菁"，寓意南菁教育传承历史、跨越时空、面向未来。

三级：学校课程的构架，均按三个层次排列。基础课程指向学生基本素质的形成和发展，体现国家对公民素质的最基本要求；拓展课程指向开发学生的潜能，促进学生个性发展和体现学校办学特色；综合课程指向学生自主与创新精神、研究与实践能力、合作与发展意识。

五域：指课程架构的五大领域，分别是人文社科、科技创新、生活健康、艺术创造、公民社会，基本包括了学生核心素养的全部领域，构成学校完整的课程图谱。

"美的课堂"即将课堂纳入课程体系范畴，这是学校课程实施的关键环节。课堂的功能除了让学生获取知识之外，还能完善其品格，启迪其智慧，促使学生以更高的标准去思考和追求人生意义，获得人生境界的提升。学校通过审美课堂的建设，力求构建充满美学意蕴的课堂教学生态，将学习的自由还给学生，通过师生互动、情感交融、合作探究，让课堂的育人价值得以充分发挥。

理想的教育是促进身心和谐发展的教育，是历史传承与创新意识、科学精神和人文品质平衡发展的教育，是凝练真、善、美意境的教育。

什么样的学生才是"美的学生"？我们提出了"三有"的标准。第一，有知性。这主要是对学生在科学素养方面的要求。学生具有较强的认知学习能力，能够把握知识间的内在联系、知识与实际问题的联系并尝试知识的具体应用，有好奇、质疑、想象、批判等卓越的思维品质。第二，有德行。这主要指在道德修养和公民素质方面的要求。学生具有正确的道德判断，认同、理解、遵守与维护社会规则；关心、参与公共事务，敢于承担社会责任，对民族的传统和文化有归属感，具有较高的公民素养。第三，有灵性。也就是对学生提出了人文修养、艺术涵养、身心觉悟方面的要求，指向人的精神层面。有灵性的人在感受自然、接触社会的过程中，能有丰富的生命体验、发现人生的意义、追求生命的幸福。美的学生拥有知性的"真"、德行的"善"和灵性的"美"。

南菁校友顾明远先生说："没有爱就没有教育。"教师不仅仅是一项技术性的工作，教师的职业能力在于内涵的发展，在于基于职业道德、人格和知识所展现出的整体魅力，只有"美的教师"才可能培养出"美的学生"。"美的教师"既追求专业发展，又关注自身的"生命成长"，在"育人"的同时也不忘"育己"，让自己的职业生涯展现出无限的可能性，从而获得饱满、幸福的人生体验。近年来，每次进行的"最美老师"评选，都成为学校的一大盛事。"全国优秀教师"马莉将其成功的班主任工作经验浓缩为三句话：用阳光、美丽的生命姿态站在学生面前，用快乐激发快乐；用安静、平和的生命姿态陪伴着学生，用尊重换来尊重；用低头、并肩的姿态倾听学生诉说，用真情感染真情。她"以美育人、育美的人"的教育理念，渗透到了教育教学管理的全过程，学生亲切地唤她"Super Mario（超级马莉）"。

课程深度构建的关键是将审美的追求渗透在教育生活中

美育渗透在学校教育的各个环节，让师生过一种幸福的教育生活。课程的整合、融合和综合，是我们深度建构和实施大美育课程的主要方式。

"课程整合"主要包括整合科学与人文课程，构建基于学生核心素养培育的审美的课程群；通过大学与中学课程的衔接整合，拓展课程边界，构建具有更高审美内涵的精品课程。

在南菁，有不少教师把个人爱好变成一门课程，然后通过逐步构建发展成学科整合课程的例子。化学教师张静慧个人喜爱色彩与图案设计，曾开设"印染工艺"校本课程，内容主要是对民间印染作品的鉴赏、染料的化学成分解读、蜡染和扎染的手工实践等。经过不断建构，现已成为一门"中国传统工艺与化学"的整合课程，包括丝绸与印染、陶瓷鉴赏与陶器制作、酿酒原理与酒文化、茶叶与茶道等。

"课程融合"主要包括优秀传统文化与美育课程的深度融合、学科核心素养培育与审美精神的融合、信息技术与课堂教学的深度融合、现代教育理念与学校课程深度融合等。通过课程融合，开发基于学科素养培育的学科美育课程，在学科课程教学中渗透传统文化价值，改变单一灌输式的传统教学方式，构建互动交融、简约唯美的课堂教学样态。物理组开设的"物理学之美"课程，让学生从更高的角度看待物理，认识到物理学中包含的深刻的科学思想和人文内涵。"物理学史与物理学家小传""失传古'欹（qī）器'的研究与复制""建筑中的力学与美学"等课程，让物理学习的过程成了学生的探索之旅。学生在了解开普勒的和谐宇宙、海森伯的矩阵力学之美的过程中，明白了科学的灵魂在于人类对美的追求。

"课程综合"即构建跨学科的综合课程，主要包括环境文化课程、生活美育课程、社团活动课程和校园文化课程。学校通过跨学科的综合课程，开发指向学生核心素养提升的课程群，如戏剧课程、辩论课程、校园商业体验课程等。另外，学校还充分利用社会资源，为学生创造丰富的课程体验。如学生毕业课程的综合设计、交往的艺术、生活的技能、运动与健康课程的系统开发等。如戏剧课程包含语文组开发的"语文课本剧"，历史组的"中学生历史剧的创作与表演"，外语组的"英语戏剧小品"等组成元素，由学生在教师指导下创作剧本、排练剧目、化妆造型、登台表演。从《汉高祖回乡》《林黛玉进贾府》到《哈姆雷特》，学生在不同风格的戏剧体验中，享文化之旅，赏演绎之韵。

在深度建构课程体系的同时，我们加快推进课题研究和课堂教学改革，实现"课程、课题、课堂"联动，从而整体提升学校的办学品质。课程深度构建的关键是将审美的追求渗透在教育生活中，让学校教育充盈美的精神，走向审美的境界。

［本文系全国教育科学"十二五"规划 2015 年度教育部重点课题"基于优秀传统文化的普通高中美育课程整合研究"（DHA150328）成果之一。］

（作者系江苏省南菁高级中学党委书记、校长）
（文章原刊于《人民教育》2016 年第 12 期）

用课程改变学校

罗树庚

一所学校,由于历史的发展进程不同,面对的挑战不同,工作重点可能不一样。但不管怎样,有些东西是永恒不变的,课程设置问题就是学校的核心。

打个比方,如果把学校比作一家饭店,教师好比大厨,而课程就是这家店区别于其他店的"招牌菜"。这家店有什么与众不同之处,用什么吸引家长、招待学生,答案是课程。

课程是学校管理的核心

在学校管理中,我们经常会看到一些校长对这个问题的认识不够清晰准确。有的校长把着力点放在制度建设上,甚至不惜投入重金引进ISO9001质量管理体系,构建烦冗的学校管理制度;有的校长则把重点放在学校外显的校园文化建设上;有的则把着力点放在搞丰富多彩的活动上,校园里天天像过节一般热闹;有的则把重点放在特色创建上,寄希望通过特色打响学校的品牌。

制度、文化、特色、活动当然需要,但在我看来,这些都不是学校管理的核心。如果一个校长长期拘泥于这些方面,我只能说其管理还没有深入教育实质,只是在外围打转转。

学校的核心是课程。抓住课程，就相当于牵住了"牛鼻子"；抓住核心，其他工作会很自然地被带动起来。

课程是学校管理的核心，是由课程本身的性质决定的。课程承载着国家的意志、教育的目标，是教育教学的内容，也是教育教学的归宿。教师凭借课程，通过课堂教学，达成国家的教育方针、育人目标。

教师要有强烈的课程意识

不少教师有个错误的认识，认为课程开发与建设是专家的事，是课程顶层设计者的事。其实不然，从某种意义上讲，教师是课程建设的关键。每一位教师都应该致力于校本课程的开发与实施，为学生的个性发展搭建舞台。教师要通过校本课程的开发，逐渐形成自己的特色课程，让学生受益，让自己在学校课程的开发中体现自身价值、体会教育幸福。

新课程最显著的两个改革，一是转变教与学的方式，重构了新型师生关系；二是赋予学校课程开发权，教师有权根据不同地区、不同学校、不同学生的需求，确立适应时代需要的课程目标，开发与之相适应的课程资源，形成相对稳定而又灵活的实施机制，不断地自我调节、更新发展。江苏省南京市北京东路小学校长孙双金说过："一个好老师，不仅能教好国家课程、地方课程和校本课程，还能建构自己的教师课程。"

有强烈课程意识的教师，有敏锐的建构力，会及时把学习、生活中的相关信息进行统整，变成校本课程、教师课程。

我想以自己建构的一节课为例，说明课程意识的重要性。寒假过后，孩子们返校迎来了新学期。初春的校园，柳枝吐出嫩绿的小芽，远远望去，鹅黄的叶芽让柳树换了新装。寒假里，我恰巧又读到《浅谈中国古典诗词中的杨柳意象》《五万首唐诗，最美的植物不过这四种》这两篇文章。走进校园，当我的目光触及吐芽柳枝的一刹那，我心中立刻有了一个主意：我要带孩子们来一场"春日读柳"。柳是春的使者，是诗的精灵，是美的象征，是善的代言，是韧的化身。在博大精深的中国古典诗词中，古人往往借杨柳表达多种情意，如抒发惜别深情，歌咏美好春光，描写女子的美丽形态，书写爱情与闺怨，揭示一些生活哲理。借杨柳抒发惜别之情，我从小学语文课本中的《送元二使安西》入手，带出了郑谷的《淮上与友人别》、李白的《春夜洛城闻笛》、白居易的《忆江柳》；借杨柳歌咏美好春光，我从小学语文课本中的《咏柳》入手，带出了韩愈的《早春呈水部张十八员外》、杨巨源的《城东早春》、韩翃的《寒食》。就这样，以杨柳为意象，我开发了一课《春日读柳》。

举这个例子，我想说明的是，其实课程开发并不神秘，只要我们有强烈的课程意识，谁都可以建构、开发出属于自己的课程，开发出适合学生发展、深受学生喜爱的课程。

新课程赋予教师课程自主权，教师有了课程设置的"自留地"，这给一线教师提供了一个开放的空间。在打好学习基础的前提下，你可以研发个性化课程，发展学生的兴趣爱好，培养学生的技能特长。韩兴娥推出了"海量阅读"课程；薛瑞萍用"日有所诵"改变了一届又一届学生的命运；蒋军晶的"群文阅读"研究吸引着大量追随者；丁慈矿建构的"对课"一版再版，独领风骚；刘发建的"亲近鲁迅"课程被媒体广泛深入报道……这些青年才俊用课程开发与建设唱响了新时代教师专业发展的优美旋律；用这种有别于上一代名家大师的专业发展方式，为自己开创了一片艳阳天。

用课程推动学生、教师、学校发展

我们学校是一所创办仅7年的新学校，但我们在短时间内实现了快速发展。学校被确定为浙江省宁波市深化义务教育课程改革样本学校之一，被确定为教育部基础教育课程教材发展中心宁波实验区课改实验学校，多个校本课程荣获浙江省义务教育精品课程。为什么我们能后来居上，实现快速发展？这与我们一直以来把课程作为学校的核心，用课程推动学生、教师、学校发展是密不可分的。

我们把联合国教科文组织提出的"四个学会"、积极心理学研究者提出的"六大类美德"与中国学生发展核心素养进行融合，确立了学校的培养目标，即身心健康、品格高尚、行为优秀、热爱学习、热爱生活、勇于创新。以此为目标，构建"幸福1+1"课程。该课程以"立德树人"为根本任务，以"核心素养"为目标，是实现"为学生幸福人生奠基"办学理念的保障。"幸福1+1"课程（见图1），为我们构建起新型的师生关系，创生出教师与学生之间新型的教育生态。

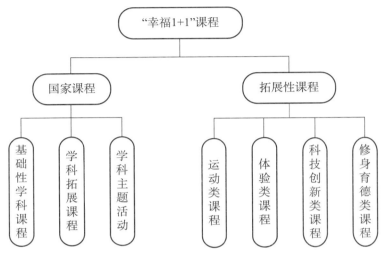

图1 "幸福1+1"课程

学校以深化课程改革为中心，抓住学生发展、课堂教学改革两条主线，坚持"国家课程校本化、选修课程特色化、社团活动课程化、隐性课程系统化"的课程建设思路，致力于构建多层次、多元化、可选择的课程体系，实现育人模式的多样化、特色化和优质化。

在国家课程校本化的过程中，我们采取"加一加、减一减"策略。"情趣作文"是我们在小学语文课程中增补的一项基础性内容。我们在不增加课时的情况下，通过减少每学期用于复习的课时，从二年级开始每学期增加10节情趣作文。二至六年级10个学期，我们增补了100个情趣作文素材。这些素材以兴趣为核心，让游戏、活动、实践走进课堂，让课堂生活化。学生在教师的组织下，一边做实验、玩游戏、进行社会调查，一边练习写作，真正实现了"先玩后写、边玩边写，玩中学写、不玩不写"。"好玩的数学"是我们在小学数学基础课程中增补的一项内容。我们将魔方、汉诺塔、七巧板等数学游戏按照形、数、博弈、逻辑等几大类，根据学生身心发展的年龄特点，巧妙结合到一至六年级的数学学习中。通过数学游戏，激发学生的学习兴趣，提升学生的思维能力。我们发现，小学生在学习英语的过程中，喜欢唱英文歌曲、看英文版动画片、读英文原版绘本，根据这一特点，在英语教学中，我们构建起"60首英文歌曲+60本英文绘本伴我成长6年"的校本课程。

为了培养学生的创新意识、创新精神，使其具有批判质疑、勇于探究、敢于实践的能力，我们在课程建构中把"科技创新类课程"作为学校拓展性课程的重要组成部分。我们向学生提供航模、车模、船模、3D打印、创客、七巧板、OM头脑奥林匹克等十多门个性化选修课。

数学教师陈书玉对发明创造、动手制作情有独钟。一次偶然的机会，她了解到国际上有一项"OM头脑奥林匹克竞赛"，这是一项旨在培养学生创新能力、团队合作精神的科技创意比赛，有100多个国家和地区的数万所学校参与。

陈书玉对这一赛事很感兴趣，就带着自己班级里的几个学生利用课余时间一起设计、制作。几个学生在她的带领下，几乎所有的课余时间都泡在她临时开辟的制作间里，连双休日也沉浸其中，乐此不疲。

由于全身心投入，功夫总算没有白费。我们学校首次组队参加全国OM头脑奥林匹克竞赛就荣获二等奖。看到陈书玉和几个学生玩得不亦乐乎，她所任教的两个班级学生都想参加。经不住学生的苦苦请求，她在自己任教班级的学生中成立了OM兴趣小组。摸爬滚打了一年，陈书玉带领的OM兴趣小组在全国竞赛上一举夺魁，还获得了前往美国参加第35届世界OM头脑奥林匹克竞赛的资格。连续两年的影响，OM头脑奥林匹克竞赛一下成了学生都想参加的一项活动。

怎么让更多的学生参与这项科技创新活动呢？经过商量，我们决定让陈书玉老师为五年级学生开设"OM科创课程"，每周一节课，试行一年。从一项比赛到成立一个兴趣组，再到开出一门课程，如今我校的"OM科创课程"不仅是区域内的一门精品课程，还被列入宁波市重点课题。在实践摸索中，我们拟订了课程标准，编写了相关教材。OM从一个单纯的比赛活动上升为一门课程，让教师们看到了课程建构、开发的真实样本。他们不再觉得课程开发是一件多么难的事了。

在摸索拓展类课程的过程中，经过几年的实践、总结与提升，学校已经形成一批相对成熟的校本课程，办学特色也因此不断彰显，成为区域内深化课程改革的典范。

学校的产品是课程，抓住课程这一管理核心，就能用课程改变学校，用课程引领教师专业发展，用课程培育学生，让个性化教育落到实处，真正落实"立德树人"的根本任务。

（作者系浙江省宁波国家高新区实验学校校长）

（文章原刊于《人民教育》2016年第23期）

辑六
沟通就是一种领导力

沟通就是一种领导力

赵桂霞

2007年7月，我做了一年校长以后接受组织的第一次检验，其中有一项是"教职工对班子成员和班子的满意度"。我的得分极低。

我相信，如果不是因为广文中学是2006年两校合并需要磨合，如果不是因为我初任校长而且此前从来没有在学校做过管理工作，这样的满意度会导致一个结果，那就是调整岗位。

基于以上的原因，组织上原谅了我，让我继续留任。

我也陷入了痛苦的反思之中。问题到底出在哪里？

2006年两校合并，在做好学校各项常规工作的同时，我们没有忘记对学校发展进行顶层设计。我们在调研的基础上确立了学校发展的愿景，大家一致认同创建"学生喜欢、教师幸福、家长满意、社会认可的理想学校"；随后又在行动研究中明晰了发展轨迹，并确立了"主题发展"的工作策略——一年突出一个主题，用主题发展带动全局提升。第一学年围绕"教师发展"主题，我们作了大量研究，各项举措也都是在研究中寻找并逐步确立为发展教师的相关机制。

似乎这一切都做得很科学——没有拍脑门儿，没有想当然，这些举措也并非出自我校长的个人意愿——可为什么老师会不满意？

因为我们之间缺乏沟通。

一个没有沟通的学校，改革创新越多，得到的反馈越不理想

那一年合校，我们都特别忙，我和班子成员之间、干部和老师之间，上下执行得多、沟通得少，甚至有些事项都来不及商量。

一个没有沟通的学校，改革创新越多，得到的反馈就越不理想。因为一个人外显的行为是由其内在的因素——那些我们看不见的习惯、感觉、想法决定的。

他怎样想，才能怎样做。每个人只受自己意识的支配。

校长的想法，虽然经由团队研究出来，但没有变成每个人的想法。于是，越是让他这样做，他的内心就越会有冲突，不满意也就自然地显露出来。

原来，是这些藏在冰山下的"个人因素"起了决定性作用。

我深信，管理的最高追求是激发和调动每个员工的积极性。积极性外显于行为，而决定一个人有无积极行为，取决于他的想法。因此，所谓调动积极性，就是把每个个体的感觉、想法激发出来，使之与团队共同的想法一致起来。而要达到这样的目标，只有沟通。

于是，我认识到，沟通是校长管理工作的重要内容。

正如著名组织管理学家巴纳德所言："沟通是一个把组织的成员联系在一起，以实现共同目标的手段。"据管理学家的研究，管理者70%的时间要用于与被管理者沟通；没有做成的事，70%是没有沟通或者沟通无效造成的。

缺乏沟通的各项工作，上下都当作任务来完成。团队中只有上面一个人有积极性，难以完成一个团队建设理想学校的重大使命。沟通在管理中具有核心价值，或者说，管理的本质在于有效沟通。

后来我发现，沟通并不简单。

2008年，广文中学第二届毕业生离校。因为2007年第一届毕业生离校时的"破坏性"行为，我们想通过开发"离校课程"，给毕业生上好"最后一课"，让孩子们带着美好、情感和爱离开校园。"离校课程"设计出来后，我带到校务会上与大家沟通。当我把开发背景、过程、内容、实施方

式等一股脑儿地陈述以后，校委会成员无一人支持。书记陈述了他的理由：一个小时的毕业典礼，我们都管不住学生；如果延长为一天时间的所谓"离校课程"，学校会变成什么样？

这种架势，是我做校长以来从来没有遇到过的。也让我感觉到，真正的沟通是要面临挑战的，但正是在这种挑战中才能达到真正的理解和认同。

这种挑战的背后有什么？信息本身不是沟通，简单的信息传递不是沟通，沟通是沟通者向被沟通者表达一种感知、传递一种期望，推动对方思考，让对方接纳和认同，这才是真正的沟通。

美国经济学界和政界划时代的学者约翰·肯尼思·加尔布雷思有一句名言：当人们证明改变思想和没有必要改变思想的选择时，人人都忙着证明后者。

这句话的背后，又告诉了我什么？

我相信，人的大脑是有思维图式的，或者说思维路径。不仅2007年，包括在学校工作多年的人都知道毕业生离校时的场景。每个人的大脑里装上了这样的思维图式：毕业离校会有不安定因素发生。

习惯的东西，左右着校务委员的想法。

沟通的本质在于突破思维定式，让每个人的大脑里形成一个新的思维路径，才能从本质上接纳，得到大家的支持。

于是，这个议题留待下次会议集体研究。会后，我与校务委员一个一个分别沟通。不再是我说方案，而是从问题开始倾听他们的想法。一对一的沟通中，我们都会聚焦相同的问题，很容易达成共识。

当个别沟通后，第二次提交校务会，全部通过。"离校课程"顺利实施，大家收获了前所未有的感动。

而我的收获是，我弄清了沟通的实质。沟通不是自己去解释、说明什么，而是推动对方自己思考、理解、建构，一旦对方厘清了事情的本质，大家会以前所未有的积极性投入进来。

学校的一些改革创新尤其是重大改革事项，提前个别沟通十分重要。因为每个人的思维路径不一样，于是个别沟通成了学校改革创新前的重要一环。

沟通需要校长"放下自己",推动对方自主思考

在我与每个校务委员沟通的时候,我发现了一个有意思的现象:我提出相同的问题,得到不同的回应;我对方案内容的相同陈述,对方的理解也各不相同。这让我意识到,每个人在建构新的图式时,都受到自己旧有图式的制约。所以,接收相同的信息,会加工出各不相同的东西来,带来理解上的偏差。

2011年,我的一次亲身体验,让我真正理解了这一点,也从此知道,沟通必须双向互动,方式途径必须多元。

那是一个游戏,用6张小纸条摆成一个要求的图形。

我藏在厚厚的窗帘后,向我的学生发出指令;4个学生根据我的指令,摆放图形。当我们结束游戏,看他们摆放的图形时,没有一幅图与我手中的图一致,4个学生的图也各不相同。

我非常吃惊!我的表达很清晰啊。问题出在哪里?

反思游戏的过程,我发现了我的问题:我是看着图形加工成语言信息发出指令的,从图形到我的语言信息,已经进行了一次加工过程,这次加工包含我的个人痕迹;我是发令者,没有请求对方表达一下他的理解与我的表述是否一致,看看有无理解上的偏差。沟通的单向性,成了我们沟通的重要障碍,而厚厚的窗帘所导致的沟通方式的单一性,是另一个重要原因。

沟通必须是双向的行动。之后,每当听完与我沟通者的陈述以后,我都会先试着用我的语言理解他的表达,而每次效果也都很好。

沟通的手段必须是多元的。研究发现,在人际沟通中,第一印象8%来自说话的内容,37%来自声音声调,55%来自肢体语言。语言、肢体、语气、声调、手势等,都是沟通的重要手段。因此,"重大事情必须当面沟通"。

当这样沟通以后,我发现工作起来特别顺畅,但我又遇到了问题。

在我关注的沟通中,都是我有想法后去跟团队成员沟通。但身为校长,

总有很多干部、教师带着请示来，或者为了得到一个解决问题的答案，甚至来寻求一个解决问题的办法。

"校长，你说这事怎么办？"

每次，我都会用心用力地替他思考，给他一个办法。结果发现，他并没有按照我说的办法去做，还是按照自己的想法走了。

这样的事情不是发生过一次。什么原因呢？

我知道，一定不是干部故意不按照校长的想法去做，而是他自己的大脑本来装着他的思考。如果校长不能放下身段、倾听陈述，推动对方自己思考，生发出新的办法来，我们的想法再好，也落不到实处。相反，因为总是替下属"背猴子"，我自己的事情常常需要晚上进行。

沟通的基本问题，在于心态。放下自己，推动对方自主思考，应是校长在沟通中的作为。

我也领悟到，领导力的核心就是管理者改变人们思维的能力；领导之道，在于推动对方自主思考的沟通中；沟通就是一种领导力，沟通的艺术就是领导的艺术。

沟通是把一道道"墙"变成一扇扇"门"的过程

我对数据特别敏感。在深圳机场的洗手间里，我看到了卷筒外张贴的纸张上写着：深圳机场每年消耗的厕纸，等同于1370棵20年树龄的树木；数量：117500卷；重量：82250kg。那一天，我用纸特别仔细。

走到洗手盆前，第一次在国内使用黄色的擦手纸，心中感到蛮幸福的，感觉自己为保护环境作了贡献。抽纸盒上有这样的文字：使用再生纸，减少森林砍伐。

这就是数据的魅力！在工作中，善用数据有助于化解很多棘手问题。

2012年7月，当我把初三年级部主任的接力棒交给刚刚送走毕业生的陈主任时，她很焦虑。在8月举行的一年一度暑期中层以上干部研讨会上，她不断向我倾诉她的困难和压力。解决她的焦虑情绪，引导她发现问题，寻找问题背后的原因，关注解决问题的办法和措施，成了我的当务之急。

找了一个闲暇的空当，我们开始了如下的沟通：

> 你考虑初三的工作多久了？几天，几周，还是更长时间？
> 多久想起一次来？每小时，每天，或者每周几次？
> 你每次考虑这件事情需要多少时间？用几分钟还是几个小时？
> 这件事情对你来说有多重要？以1到10为序，你给这件事情打几分？
> 对你来说，这件事情的优先次序如何？以1到10为序，排第几？
> 你想得最多的问题是什么？把思考最多的重要问题依次排下来。
> ……

我发现，当我们的沟通用数据表达时，陈主任的眉头越来越舒展，注意力开始关注解决问题，寻找方法，而不是陷入问题本身。经过两个小时的交流，她已经有了关于调动教师积极性、激发学生主动性、课堂高效愉悦、常规管理等诸多办法。初三学部的工作思路形成了，工作备案表配发。开学后，初三工作秩序井然，我们一步步完成着当初设定的目标。我再也看不见她的愁容了。如今，她负责初二学部，主导着初一学部，幸福地工作着，团队的每个人也都很幸福。

现在的广文校园里，不再是一个脑袋想问题，而是每个人都在发现问题、解决问题。每年学期工作分享，总能听到各个部门基于问题的工作创新。这些小创新年年不断，而且很有实效，推动了校园的改变：学生更加喜欢这里，老师在这里更加幸福。这些年，广文依然进行着改革创新，但老师的满意度上升了。

沟通，是把一道道墙变成一扇扇门的过程。门开了，心通了，气顺了，事也就好办了。

（作者系山东省潍坊市广文中学校长）
（文章原刊于《人民教育》2015年第21期）

中层干部,该不该"中规中矩"

薛元荣

学校中层的角色在"中",上有决策层,下是操作层。为了工作到位,中层要领会决策层的意图,既要执行,又要"施展"。施展,有指导、督促的成分,有创造性发挥的空间。

知道自己的定位,明确自己的职责,不折不扣完成交代的任务,这无疑是一名合格的中层。

决策错误,影响办学方向;操作失误,影响教育质量。中层断裂,好决策得不到真落实。一个合格的中层循规蹈矩不越位,但优秀的中层不必"中规中矩",很多时候需要"旁逸斜出"。

做中层的事,操决策层的心

作为中层,首先要明确决策层之所以这样决策而不是那样决策的原因。听话听音,看决策要看底。当你有了决策者的"心"和"脑",即"你懂了"时,执行起来便会得心应手。如果只做"传声筒""二道贩子",不领会决策的内涵,非但无法指导操作层,有时还会误传。当中层的心和决策者的心一起跳动、中层的脑和决策层的脑一起运转时,这样的中层才是成熟的、聪明的中层。

然而,决策层不是所有的决策都是符合实际、具有先进理念的支撑、可持续发展的。那么，这时候，中层要敢于"越位"，做一回决策层的"老师"，即"启发"决策层。可以在"请教"时"启发"决策层——可以"明知故问"，给决策层细细考究的机会，说不定决策层会恍然大悟，从而改正一个失误；可以在提建议时"启发"决策层——一个"不经意"的建议，或许会改变决策层有欠考虑的决策；可以借向决策层交流学习体会的时候，交换最近看到的相关的做法、经验——在"闲聊"中为决策层打开一扇窗……或许，决策层"灵感"来了，决策改得更为成熟了。

"启发"决策层是不容易的，得学会换位思考。如果是德育处主任，可以站在教导主任的角色上多想想，想想他的难处，更可以想想如何借助学科教学渗透德育，形成合力。如果学会站在校长的角度想问题，那么你"启发"他们时会觉得你有"通盘考虑问题"的意识，感觉你是站在"全校的立场上"。如果学会站在局长的角度想教育，那不是狂妄，只会让你站得更高，当你"启发"决策层时，定会让你被人刮目相看。你也不妨站在分管市长的角度想教育，那不是你"有毛病"，而是要你晓得，一个不了解社会的学校中层，注定是一个井底之蛙般的中层，你的"启发"永远只是在"井底"。

如果因为你的"启发"，打开了决策层的胸襟和视野，打开了学校的胸襟和视野，那么你是一名站得高的中层。

中层，要让自己的"层"厚重起来

学校中层的担当在于你处于一个厚重的层面。这个层面不厚重，这所学校的精神和文化就不厚重。有些中层甘于"中庸"。身为中层，多点头，照章办事，不得罪领导，这是多数人的做法。否则，如果遇到心胸狭窄的决策层，你的"大局意识"轻则被误解为"摆不正位子"，重则被误解为"有野心"。但如此局面，对学校的发展没帮助，还助长了平庸之气。

有的中层有意无意地选择"中立"。一是等待决策层的决策，像算盘珠子一样，拨一拨动一动，不拨不动，不求有功但求听话。二是不主动帮助指导操作层，有难题抛给决策层，做个蹩脚的"二传手"，只求不得罪操作层,力求"搞好群众关系",争取年终测评时"优秀票"多一些。这样庸碌的"一团和气"的中层,是学校发展的阻力之一。

中层要让自己的"层"厚重起来,上承决策,下撑操作。要敢于创造性地执行,走出一条属于自己的"中层之路"。有人说,中层工作难以开拓。其实不然,只要有舞台,都可以创造奇迹。不要担心决策层批评而裹足不前、亦步亦趋;不要担心"群众不满"而瞻前顾后、按图索骥。要创新总会有风险,不创新就是停止脚步,停止不前意味着退步。

中层这个角色的厚重,是做出来的。中层有理由成为所在岗位的专家,也必须成为那方面的行家里手,不但实践出成果,讲起来也应该头头是道、如数家珍。因为中层,上有决策层的理念和思想的引领,下有亲身实践积累。只想、只说而不做,容易脱离实际;只做而不动脑子、不反思总结,容易走弯路甚至反教育而行之。中层这个角色,最锻炼教师,是最能成为专家的角色。因为有实践,就有发言权;因为有经验,就有总结提升的义务;因为接地气,就有成为决策层智囊的职责;因为有宝贵的体验,就有服务的责任。

中层,得有一副"铁肩"

铁肩担道义。铁肩的一头是校长,另一头是教师。此铁肩,多了不得;此道义,多豪迈。

中层,也会遭遇尴尬。一是教师们的怨言。没事儿,怨言是资源,可以从同事的怨言中吸取有益的建议,调整工作方式,有则改之,无则加勉,在怨言中学会成长、走向成熟。再多的怨言,也要收藏。

没有无缘无故的爱,也没有无缘无故的怨言。很多时候,因爱和责任而生怨。一是决策层——校长的批评。校长的批评,是中层最该欢迎的,在批评中,找准方向。没有无缘无故的批评。批评,是一种帮助;因为负责,才会批评。退一万步,即便校长出于种种原因"容不下"你,也没关系,回到教师中,那就做一个最优秀的教师——因为我们生来就是教师,过去是,现在也是。

要做就做这样的中层：进，可挑更重的担子；退，能做最优秀的教师。这便是厚重的中层，永不平庸、永不中立的中层。这样的中层，是学校的"脊梁"。这样的中层，说真话、做真教育，心里边有教育家做榜样。这样的中层理性，不赶时髦，不喊口号，不贴标语，不人云亦云。这样的中层有思想，走出校园，还能让人感觉是一名教师，一脸书卷气，一身正气，甚至还有些知识分子的风骨。

（作者单位系江苏省苏州市相城区黄桥实验小学）

（文章原刊于《人民教育》2015年第20期）

学校中层的自我"定位"

罗刚淮

学校中层,既要在职权范围内代表组织(学校)行使着组织、管理、督促、检查、评价等系列管理职能,同时又常常要领受高层管理者(如校长等)的工作布置、执行、推进、检查、考核等。

中层人员的自我角色定位非常重要。定位恰当,做得好,往往能促进学校各项工作顺利推进,深得校长赏识、同事赞誉;如果定位不当,做得不好,常常会两头受气,四面楚歌。有段顺口溜:"等着上面布置,等着下面找刺,整天跑着救火,还要几头受气。"这是一些中层管理者的浮世绘。那么,该如何定位中层角色呢?又该怎样担当呢?

相对于校长,做好配角

校长是学校的领导者、最高管理者,负责学校发展的方向、领导和决策。因此,组织管理中,中层必须全面服从校长的领导和安排。

客观地说,管理是一个团队的事,校长虽能而未必全能,这就需要中层互补,组成强大的团队,学校行进才会方向明确、健康有力。

基于此,中层干部就该是校长的"左膀右臂",执行、落实工作部署;是校长的"千里眼、顺风耳",收集提供各类信息,便于校长决策;是校长的"智囊团",针对疑难问题提供有益的建议;更是积极拥护校长的主体力量，紧密团结在校长周围，真诚地拥护校长。在学校管理范围内，中层要扮演配角。当然，自己在做好配角的过程中也会得到锻炼，展示能力才华，树立形象。

有些管理者以为做了中层干部，可以为某些事做主了，因此固执己见，与校长叫板，试与校长分享权力，这是不明智的。唯有与校长及时良好地沟通，部门的工作才会得到校长的支持，中层管理者也才能"有位""有为"，不至于碌碌无所成。

相对于部门，做好主角

学校设有多个部门，通过部门职责将学校工作分解落实，具体执行学校的各项决策指令。学校中层是执行者，但在执行任务时则是指挥官。此时，中层管理者已经不需要思考"为什么做"，而是思考"怎样做"。在这个问题上，学校中层是绝对的主角，即便有些工作校长想参与其中，他也多以建议者的角色出现。

作为问题解决者，中层管理者要承担执行时的组织、管理、督促、评价和激励等工作，系统而具体。其实，这也是学校工作的主体，学校和教师的绝大部分时间、精力都是花费在这里。

过程管理是学校管理中的重要一环。如何为教师提供便捷高效的执行路径、方法，考量着中层的经验、智慧，有人称之为实践性智慧。

有些管理者说起理论来旁征博引，可是一做起来，少谋划、少方法，其实就是缺乏实践智慧。中层要做的事在学校部门职责里有着明确的要求，部门分工是中层工作的主体，根据需要，偶尔还会有少数临时性项目，这些都需要中层去协调处理。

中层管理者工作尽职到位，是对校长工作的最大支持，也是自己在学校中的价值体现。有些中层明明是部门日常工作，却等着校长催促，以显示本部门工作重要，或者为刻意显示有些工作重要，人为造声势，牵扯校长以及全校师生太多的时间精力。

将日常工作做到无形，将重点工作做实在，将特色工作做突出，这应成为中层的自觉追求。

相对于同僚，做好朋友

学校的不少工作，其实是"你中有我，我中有你"。因此，中层要想做好工作，还需要跟其他部门做好协作，要与其他中层管理者做朋友，相互关心，相互礼让，相互帮助，做到"到位，补位，不越位"。

一是到位。本部门的工作不能留尾巴，不能浮于表面，否则，在同一母系统中你这部门的一环出问题，可能波及其他部门的工作。比如，春（秋）游看起来是德育部门的事，如果后勤的餐饮、车辆协调不到位，郊游实践起来必然不顺畅，教育实践课程就难以达到预期效果。

二是补位。由于经验、能力、严谨程度、客观变化等影响，一部门主任工作中出现疏漏时，其他管理者应及时提醒，甚至顶岗协助，及时补位。这才能保证大局不乱，工作顺利进行。常于危难之时援手相助，大家自然相处和洽。如果将对方视作竞争关系，或者袖手旁观，等到自己部门出意外时，不但不会有人帮助，相反，看笑话、说是非的倒会不少。

三是不越位。部门有分工也有交叉，这就需要相互礼让协调，既不能"本位主义"，又不能越位，管到别的部门去了。部门分工不清，或者越位工作，常常让普通教师不知所措，带来管理上的混乱。一般来说，学校事务绝大部分归口很清楚，难免有交叉。在这种情况下，需要部门之间相互宽容、支持，必要时也可以请校长来协调。有的则需要以"项目负责制"来推行，指定专人牵头执行。

相对于教师，做成导师

中层管理者不是全职管理人员，仍是教师身份。这就决定了学校管理者与其他行业管理人员有着重要的区别，即依赖学术影响力建立个人威信，而不仅仅以管理者身份与教师相处。

那么，学校中层如何与教师相处呢？

一是做好教师本分，与教师平等相待。学校中层做好自身该做的事，如集体备课、学科组内交流课、批阅试卷等工作，不能因管理忙而推脱，更不能高高在上，凌驾于教师之上。

二是做出业绩，树立学术威信。教师们佩服有真才实学的人，中层管理者多是教学优秀的老师，做了中层之后不能丢掉业务，离开课堂，变成只会做些上传下达、排表跑腿的人。

三是做成导师。选任优秀教师为学校中层，学校原本希望其更好地发挥教学特长和学术影响力，带动更多教师进步，绝对不希望把干部当成一种待遇。所以，学校中层务必牢记身份，借助管理平台，将自己的教育经验、智慧传播给更多教师，带动更多教师专业成长。在专业发展方面，自己要身先士卒、率先垂范，并切实指导帮助教师共同进步。比如，通过课题研究带动团队进步，通过项目活动教导教师做事。如此年复一年，必然受到广大教师的欢迎，个人威望也会日渐升高。且不说本部门的工作会得到大家支持，单就同事间的友爱氛围，也足以让人向往陶醉。这种情态无论是对学校发展，还是对个人进步，都是极大的利好。

（作者单位系南京师范大学附中江宁分校）

（文章原刊于《人民教育》2015年第20期）

中层如何更卓越

段安阳

中层干部素质的高低决定了学校整体管理团队素质的高低。只有中层卓越，才有强有力的学校整体工作，也才有可能打造理想、优质的学校。

中层干部的角色究竟是什么？

既是决策者，又是执行者。现代管理学认为，每一个员工都是单位的积极管理者。现在很多学校召开行政会议，不再是校长"一言堂"，而是悉心听取各部门的意见与建议，大家集思广益，共同商议学校发展目标、思路，确定学校规划，拟定学校整体工作的顶层设计。虽然中层管理者的意见与建议不起决定性作用，但参与讨论的过程就是参与学校决策的过程。同时，中层干部又是学校管理的执行者。学校的办学思路需要落实到具体工作中，第一关就是中层干部的理解、布置和落实。中层干部的角色既有决策者的成分，又有执行者的成分，是决策与执行的综合体。

既是管理者，又是被管理者。中层干部上有分管校长、一把手校长，他们都是上级，所以是被管理者。而中层又是所负责工作的直接领导，是名正言顺的管理者。"被管理"与"管理"是中层干部需要在学校经常转换的两个角色。

中层干部的基本素养

要有"方向感"。"方向感"不是"开车出门不迷路",而是认同学校既定的办学方向、愿景、目标以及理念。学校发展的大方向是经过若干次专家论证、行政会议研讨、教代会民主决策的结果。中层要吃透学校办学理念,认同学校办学价值观,并积极落实在自己的分管工作中。这是"方向感"的第一层含义。其二,中层干部在自己的"一亩三分田"里要有自己的思想和主张,明确自己本条线工作的目标以及如何达到目标。既要有长远的规划性目标,又要有年度和学期的落实性计划。

要有"责任感"。中层要有对上负责的态度。校长或分管校长把一项任务交给你,是对你的信任,你在接受任务时务必要吃透工作要求和工作流程,在规定时间内交出满意答卷。最犯忌的是一项任务交到你手里,在规定时间内还没有完成,要校长一遍又一遍地催促。或者在规定时间内早早提交了任务,但不是少了这个,就是缺了那个。有"责任感",有质量意识,做一个积极高效的执行者,是一个优秀中层干部的不二选择。

要有"归属感"。归属,就是"你是哪里的""你在哪里",不仅仅是人的物理在场,更重要的是心理在场,即一种情感归属和价值归属。在学校,面对全体教师,你是学校行政干部,不是普通教师。有的中层为了和一线教师打成一片,获得支持,教师发牢骚,抱怨学校制度的不合理,也跟着教师一起吐酸水、发牢骚。这样的角色定位是有问题的,你要明白自己是学校管理者,是和校长站在一起的管理干部。此时的你可以认真倾听教师的抱怨,并诚恳表示会将合理化建议反映到校长会议上,再来安抚教师,这样既能获得教师的理解,又能获得客观公正的意见与建议,对学校发展起到积极的促进作用。遇事冷静是一个成熟管理者的必备素养。

如何走向卓越?

中层管理工作"多、杂、繁、难",需要得到分管校长和一把手校长的大力支持，同时也要树立自己的权威，这个权威不是用来压制教师的，而是用思想和精神引领教师，用自己的身先士卒示范和带动教师。优秀中层需要具备几个核心能力。

执行力。校长的思想决定了学校办学的高度。好的思想、美丽的愿景能否实现与达成，中层执行力起着极其重要的作用。中层执行力表现为任务明确、理解到位、思路清晰、计划科学、执行到位。执行力强，才能按时保质保量完成工作任务。

领导力。你是学校的部门负责人，与此有关的工作你就是直接领导。如何领导教师按照既定目标完成工作任务，需要中层具备一定的组织领导力。例如，教科室主任负责学校教科研工作，所有教师都是你的领导对象，甚至校长和副校长也归属你教科室主任的工作范畴。

领导力更多地表现在你如何调动所有人的工作积极性，让全体教师达成你的计划目标。领导就是带着大家一起干，让大家与你一起朝着既定目标努力。一个人做事不是领导，带着一群人一起做事才是领导。带领一群人一起开心地做大家都想做的事，一起收获成长才是好领导。好领导要善于调动全体下属的工作积极性，知人善任，科学分工，有效调控。领导力还表现在你的沟通协调工作上，有时候是协调教师个体之间的。有的教师会说"你分配的任务多了"，有的会埋怨你分配的任务是临时任务，这都离不开协调。还有分管的条线工作，有时会与其他部门的工作冲突，这就需要你与其他部门协调沟通。

影响力。中层的影响力主要来自两个方面，一是学科教学上要走在教师前面，能引领教师大胆进行教学改革，潜心研究教材教法，充分调动学生学习的积极性和主动性。二是表现在科研意识与科研成果上。对自己负责的条线工作和自己任教的学科教学，要有自己的主张，有积累，有成果。试想，德育主任分管学校德育工作，如果只忙于应付日常事务性工作，对德育工作没有自己的见解和主张，没有自己的研究成果，就算不上一个合格的德育主任。

亲和力。中层管理者对上要面对校长，对下要面对全体教师。所谓的"管理"，实际上就是协调人、带动人、帮助人、成就人——成就他人的同时也成就自己，所以培养自己的亲和力非常重要。

亲和力的要点是"友善真诚，能为他人着想"。当教师面临困难时，要设身处地积极寻求解决问题的办法。亲和力的对立面是"官派作风"。要用真诚与热情、智慧与修养赢得一线教师的尊重与信任，那样远胜于"称兄道弟""拍肩式兄弟"。

此外，中层管理者在日常管理中，要处理好刚性制度与柔性人文关怀的关系。柔性人文关怀不是不要制度，而是在不违反制度与原则的前提下，尽量多地设身处地为一线教师考虑，给他们真诚的关心与关怀，这样才能调动每一个人的工作积极性。

（作者单位系浙江省宁波滨海国际学校）

（文章原刊于《人民教育》2015年第20期）

我如此投入，怎么还有这么多抱怨

沈茂德

作为一名长期从事学校管理的实践者，我眼中的学校管理是两个词，即"管"和"理"。

所谓"管"，并不是一般意义上的规章的制定与结果的考核，而是管理者要能敏锐地发现学校运行中存在和可能发生的问题，及时地予以"预警"和"校正"。犹如中医看病那样，通过"望、闻、问、切"发现"病症"及"病源"。这个过程既高度体现管理者的经验和视野，更体现管理者强烈的人性光辉，即所有的"望、闻、问、切"绝不是出于"评价与控制"，而是出于善意的诊断，其目的是为了促进发展。

所谓"理"，就是针对"病症"和"病源"，及时"下汤下药"，厘清工作思路，理顺纷繁的校内外关系。这个过程要求管理者有相当的智慧和能力，体现服务与引领。

"不要把校长当官做"

世界上其实并不存在一个"学校的标准模式"。每一所学校都可以追求优质发展，但发展的路子完全可以各不相同，关键在于要有自己的教育哲学。

校长应该像医生那样，在学校运作过程中，既为学校的每一天"诊断",也要帮助每一个人在学习与反思中发现自己的不足,使学校的每个岗位、每个工作环节在这种和谐的诊断中发现"病灶",并在自我反思与管理者的服务中自我痊愈。

在今天的基础教育领域,我们并不缺现代教育理念,缺少的是对优秀教育理念的深刻理解和一以贯之的实践行为。我们缺少以一种"古典的心态"来思考与实践的办学行为,我们更缺少脚踏实地进行校本性建设的持久行为,缺少建设优质文化的韧性。

在我看来,校长绝不是无所不能的。他应该自知学校的传统和基础,把自己从肤浅的视界中解放出来,始终守住教育文化的核心,并不断赋予其时代的含义,努力建设智慧、坚韧的团队,努力再努力,学校就必然会有个性化的内涵与活力。

20 年的校长实践,我深悟,管理的价值追求是促进师生发展,其基本形式就是"诊断"与"服务"。"不要把校长当官做"应该是校长职业的基本准则,学校管理的主体应该是教师,校长则是主体行为的组织者和协调者。相信师生应该是校长内心永远的声音,内心宁静应该是校长的职业本色,行走在校园中、说专业的话应该是校长的自我要求,建设优秀的学校文化则是学校管理的价值追求。

"我如此投入,怎么还有这么多抱怨?"

每次外访,时常看到这样的场景:一些校长常常会出于真心求"道"的目的,向外国校长同行提这样的问题:你们学校有哪些管理学生的规章制度?你们是如何考核(管理)教师的……面对这样一些问题,常见外国学校的校长脸上会闪过茫然的感觉,有些校长会无奈地耸耸肩,摊开双手,连说"No,No"。

在中国的传统文化中,管理积淀着浓郁的官本意识,往往意味着制度、考核、奖惩。这种自上而下的管理理念,使很多校长把管理的价值取向定位于建立"规范"和"秩序"。在我踏上校长岗位之初,也曾陷入深深的困惑之中:"我如此投入,怎么还有这么多抱怨?"一段时间的实践之后,我才认识到:"校长管理的价值在于'诊断'与'服务'过程之中,在于学校优秀文化的建设之中。"

在传统的管理哲学中,"管住物、管好事、管住人"成为一种普遍的程式。我们通常看到的学校管理模式是校长居于学校管理层的顶端,然后向下逐级形成金字塔形的管理网络。

这种基于工业革命的企业化管理模式,可以高效实施标准化的运作,但弊病是极大地削弱了学校的主体——师生群体的个性和主动性,往往陷入管理中"人不见了"的尴尬境地。

应该认识到,学校管理的目的是为了"促进人的发展",而不是为了"便于控制"。"规范"和"秩序"的建立是管理的一种基础性架构,而不是管理的真正意义。管理应该使一所学校充满活力,使每一位师生充满生命的激情,为了心中的信仰,为了实现共同的发展愿景而自觉工作、学习。著名学者马尔库塞认为:"观念和文化的东西是不能改变世界的,但它可以改变人,而人是可以改变世界的。"

要使学校全面增值,首先要使每一个人的内心增值。由此,"促进每一个学生、每一位教职工核心素质的发展"就逐渐成为我对学校管理的本原追求。学校管理方式也应相应地实现两个转变:从"法官行为"(结论评价)转变为"医生行为"(预警与医治);由自上而下的"命令"转变为彼此平等的"和谐对话"。

如我们学校的"诊断性听课",其目的不是为了给教师打一个等级,而是为了发现常态课堂教学中存在的问题并提出改进意见,真心促进教师专业成长。再如"教师会议",主讲者不应仅仅是校长,而应是某一主题的"首席教师",而"首席教师"的发言也不应该仅仅是一家之言。会议的主讲者有了这样的约定,每次在开会之前都需要先进行学生、学科组、年级组等的大量调研,在深入调研的基础上提出自己的理解与建议。我们的教师会议已成为一种颇有深度的校本性论坛。

文化变革是改变普通高中"同质化"的突破口

当前,普通高中正经历着由外延到内涵的转变,然而现实中却存在着严重的"同质化"现象。所以,推动普通高中多样化发展,鼓励普通高中办出特色,成为一种时代诉求。

如何推动普通高中优质特色发展?我们认为,文化变革是普通高中优质特色发展的"顶层设计",育人模式是走向优质特色的关键。所以,整体规划学校优质特色发展的价值追求、发展路径、操作体系,成为学校管理的基础性工作。优质学校一定是以先进理念(非形式主义的口号)引领的现代学校,是注重学生"学业优秀和核心素质良好"的高质量学校,是勇于创新的探索型学校,是不断自我超越的品质型学校。

衡量一所高中是不是在走向优质特色发展,应该有五个方面的基础性标志:一是学生发展情况(是否群星灿烂),二是师资品质(师德、学识双优),三是课程水平(体现丰富性、常态性,而非展示性),四是教育质量(高位稳定),五是办学行为(规范性、实验性)。

传统体制下,学校较多地追求升格晋级,追求不断通过各类评估验收,在管理中起引领、主导作用的是各种评估条例和上级的要求。于是,"千校一貌"就成为基础教育领域一种很特殊的现象。如果每所学校都努力追求自身的优质特色,必将引发基础教育领域"千帆竞发"的良好办学态势。

"文化空气"是基础性、决定性力量

考察一些优秀的学校,显著的办学成绩犹如漂浮在海平面上的冰山一样显山露水,而支撑它的关键因素——学校文化(软实力)则隐于海平面之下。只有深入校园,深入师生的学习与工作,我们才能真实而深刻地感悟和认识这些关键因素。在我看来,研究一些成功学校的办学之路和学校文化,可能比简单地交流一些管理机制、校园建设重要得多。

哈佛大学肯尼迪政治学院院长约瑟夫·奈在其《软实力:世界政治中

的制胜之道》一书中指出："软实力是通过吸引别人而不是强制他们来达到你想要达到的目的的能力。"

软实力同样也存在于学校之中，它是一个较高层次的概念，本质是学校的一种精神力量，包括办学理念、发展战略，还有校风、学风、教风和全校师生稳定的价值追求、精神状态，也包括学校已为社会公认的形象、声誉、特色与品牌等。一句话，软实力其实是弥散在校园中、积淀在师生意识中、外显为师生行为的学校文化。学校只有真实地拥有了这种深刻的校本文化，才会充满生机并具有持续发展的动力。

《老子》曰："天下莫柔弱于水，而攻坚强者莫之能胜，以其无以易之。弱之胜强，柔之胜刚，天下莫不知，莫能行。"

在我看来，对学校改革与发展起基础性和决定性影响的力量是那种弥散于校园中的"文化空气"，在全体师生言行间不经意流露的"行为文化"，流淌于师生血液中的"基因文化"。这种"软文化"是学校常态运行中"无形的手"，它在规范和操纵着学校的走向，真实地影响和浸润着每一个师生的内心世界和外在行为。

在学校文化建设中，校长处于核心的管理地位。如果一个校长对文化建设的价值追求是"作秀""营销"，那这所学校一定会形成一种虚假的、缥缈的、墙上芦苇式的"时装文化"。这所学校可能会有一时的显赫与轰动，但绝不会有持久的发展。

当一所学校发展到一定阶段后，"超越规范"就成了管理的一种内在诉求。"超越规范"不是不要规范，而是建立在较稳定的规范基础上的一种更高层次的文化管理。

作家刘墉曾说："你可以一辈子不登山，但你心中一定要有座山，它可以使你总有一个奋斗的方向，它使你任何一刻抬起头，都能看到自己的希望。"

每一位教师内心都有着职业发展的梦想，校长要帮助和鼓励教师把这种梦想变为现实。在具体实践中，我们着力于"师生双向成才"的探索：即一方面要把学生培养成才，另一方面还要为教职工的发展成才创造尽可能多的机会和尽可能优越的条件，使他们在教学、服务的过程中成才。比如通过"再回大学"，提高教师的专业素质和理论修养；通过"造山运动"，让一部分教师"享受特殊成长待遇"。当每一位教师感到自己在不断发展时,我们的学校怎能不一步一步走向成功呢?

教育面对的是一个个独立的、鲜活的生命,其最终价值是发展每一个孩子的素质,让每一个学生感受到成长的幸福并具有推动社会进步的能力。

如此说来,激发每一个孩子对生命的珍惜、对生命价值的渴望与追求就变得尤为重要。我们学校改变了那种鉴别、分类、考核学生的管理哲学,明确提出"每一个孩子都是一座金矿""学校应该成为每一个孩子都可以放声歌唱的地方,要努力让我们的学校成为在校生喜欢、毕业生怀念的乐园",于是学生发展便出现了"群星灿烂"的美景。

今天的校长,应该像蔡元培、陶行知、苏霍姆林斯基那样,心态上更平和一点,语言上更朴素一点,行为上更真实一点。只有这样,校园里才会有更多的优秀教师,才会有更多的卓越孩子。

(作者系江苏省天一中学校长)

(文章原刊于《人民教育》2015年第11期,原标题为《真实的学校管理,其实很朴素》)

辑七
检查评比：从被动"应付"转化为主动"应对"

管得太具体，教育没希望

陈立群

经过多年发展，中国的教育事业取得了举世公认的成就。但当下似乎也遇到了一些发展"瓶颈"，其中之一就是出现了较为严重的"行政化"倾向，影响了学校的正常办学。针对这个问题，我谈以下两点看法。

检查过多，学校忙于应付

在当下社会所谓的"行政化"倾向中，不管是一般的公共行政领域还是专业领域，行政命令至上，而非规律首要。工作围着检查转，专业围着权力转，基层围着行政转。学校亦如此，需要花费大量的精力来应对各种名目的检查评比、汇报总结。

在常见的行政思维中，检查或评比是为了显示主管部门对相关事务的绝对领导，并以此来突出自己的工作，彰显自己的存在，向上有实实在在的工作可以汇报，向下有抓手可以"以直接管理者的姿态"决定、指引学校的工作。而检查评比的方式，因为领导不可能也没有时间真正走进学校进行多角度感知和评价，所以方式看起来并不复杂，那就是听汇报、看材料、查台账。

每一个大大小小的领导都是这样想的，每一个大大小小的处室都是这样做的，于是各种检查纷至沓来，且各领导、各处室对材料的要求又不尽相同，作为基层的学校虽苦不堪言，也只能一一应对。如廉洁教育进校园考核检查、文明学校检查、文明城市检查、对外交流工作评比、"红十字"示范学校检查、"好人榜"推荐评选、"千校结好"特色学校评选、平安校园评估检查、综合治理工作检查、师德师风专项检查……诸多项目，难以一一罗列。

  2014年年底，一位中学校长告诉我，各类工作总结材料一共写了8份，直写到头都发麻了。其实，所检查的各项内容，都具体落实在学校的日常教育教学管理中，但一旦要来检查，学校可不能只拿出工作计划和落实情况，得按照某种"完美形式"，用某类高深词汇，根据相关检查要求而非工作实际需求进行补笔记、做材料、准备台账，甚至重新布置校园环境等工作。

  这样的检查，不按照要求准备则心里没底，可花了大量的时间准备了，可能检查人员只是听一听汇报，翻一翻材料，有时因为时间太紧，一个上午要检查两个地方，可能材料也不翻，听一听汇报就走了。

  本人曾应邀为教育部中学校长培训中心的校长班授课20多次，每与其他校长谈及检查的事，大多怨声载道，却又直叹无奈。不应付不行，检查之后，就有红头文件公布评比结果，有些涉及学校的未来发展。若是学校不讲究，不布置准备相应的检查、评比材料，上头领导和处室绝不可能轻易放过，家长、社会的批评指责也会铺天盖地而来，直接影响招生工作，进而影响学校的生存和发展，至于教育理想的实现更是无从谈起。

教育应遵道而行

  大千世界，万事万物，于变化不息之中蕴藏着独具魅力的规律，此谓之"道"。认识规律，把握规律，运用规律，是为学习，是为求道。

  教育更是如此。因其与人相关，且是正在成长中的青少年，教育必须符合人的成长规律，而它正是在对学生的成长教育行动的探索和研究中才慢慢形成了本身的规律。那么对教育的检查和评价，也应体现在对教育行为是否符合人的成长规律和教育本身的规律上。对于当下检查评比过多的情况，我提出如下建议。

确立行政部门的服务意识。发展社会的公共事业和公益事业，是政府的重要职责。教育行政部门更应该遵道而行，确立服务意识，切切实实地为基层学校提供方便，排忧解难。在我近30年的校长生涯中，只有过一次这样的经历。时任杭州市教委主任张绪培带领全体局领导深入学校，目的只有一个，现场办公，听取学校的建议和呼声，帮助学校解决办学中遇到的问题，免得基层学校遇到问题一次次地往局里跑，有时还不一定找得到相关领导。

减少检查评比项目。在我看来，教育之道就在于人的身心发展规律和教育教学规律。也许政府和教育行政部门的检查就是为了督促学校在教育教学活动中遵道而行，依法办学。但须知，过多过密的检查本身严重影响了基层学校的工作，打乱了教育教学的步骤，干扰了学校的办学自主权，是不遵循规律的表现。教育局有那么多的处室，每个处室都希望以某一项检查评比来具体地牵住学校的"鼻子"，基层学校自然苦不堪言。我甚至认为，管得太具体，教育没希望。建议教育行政部门规范施政，统一步调，避免政出多头，切实减少对基层学校的检查评比。

建立诚信机制。中小学实行校长负责制，应该疑人不用，用人不疑，确保校长的办学自主权。非检查不可的，实行暗访，直接与师生交谈，可保障真实可靠，还可避免大张旗鼓，兴师动众，劳民伤财。更多的工作大可不必去学校检查，而由学校提供书面说明材料，校长对材料的真实性负责。如发现弄虚作假，可免除校长职务。

（作者系浙江省杭州学军中学校长）

（文章原刊于《人民教育》2015年第08期）

由被动"应付"转化为主动"应对"

贡和法

时下的学校,校长和教师好累!一方面,要夜以继日地推进教育教学改革;另一方面,还要时不时地迎接各种检查评比。

由于受一些政府职能部门"工作惯性"和"路径依赖"现象的影响,教育系统检查评比多、行政干预多的顽症在短期内还难以消除。

近日我看到某区 2015 年主管部门"晒出"的检查评比项目就有 29 个,涉及学校整体工作的 15 项,如"依法治校示范学校"创建等;单项检查评比 14 个,如"优秀校本课程"评比等。诚然,对学校整体工作进行盘点,对专项工作开展检查评比、达标考核,以鼓励先进、鞭笞落后,本无可厚非,但关键是这些检查评比要"务实、适度"。

"上面千条线,下边一根针",基层学校为迎接众多的检查评比只能疲于应付。到了年终,许多检查评比集中在一起,牵扯了校长和教师很多的时间和精力,干扰和影响正常的教育教学工作。因此,各级行政部门一方面要简政放权,严控检查评比项目,给学校自主发展的空间,切实为基层学校"减负、减压";另一方面,要增强评价项目的针对性、操作性、导向性、权威性,真正发挥检查评比的激励功能。

学校发展不能在追逐外在效应中迷失方向,办学更不能迷失在没完没了的"应付"中。面对众多的检查评比,学校要尽可能由被动"应付"转向主动"应对",不断提升自身的治理能力和水平。

一是办学行为从"外控"走向"自主"。

在如今的办学体制下，政府部门发出的通知、要求，学校往往不敢拒绝，因为学校的创建成效和办学实绩，直接关系到学校领导的考核、评价以至未来的晋升。政府和学校之间的这种微妙的"管控"关系，导致有些学校办学缺少主见，更不敢"行高于人""堆出于岸"了。

要主动"应对""管控"式的检查评比，重点在于校长要对教育有一种科学的判断和深刻的思考，有科学自主的办学理念。校长有了坚如磐石的价值自信，就敢于走向学校教育的"自主"，而对那些为了落实某项行政指令而不惜全校"兴师动众"的创建活动，对一些仅是装点门面的"奖牌"的获取，就会多一份静思而行的心，也就会果断地放弃那些浮华的评比迎检活动，给师生创设一个宁静安详的氛围。

二是学校发展从"管理"走向"治理"。

"治理"和"管理"在根本上是制度设计和制度运行的不同，是制度的力量或制度产生作用与效果的不同。因此，学校主动"应对"检查评比还必须做到：

有顶层设计的发展规划。依据学校的办学理念和目标，对学校发展的制度建构、文化建设、教学改革、质量提升、队伍建设等方面作出顶层设计和系统规划，确立新的目标追求，"择高而立、向宽而行"。在此基础上，细化拟定出学期、月、周的阶段性工作安排，便于教职工从容地去面对每一项工作，不再为应付那些检查评比去编造"数据"、制造"亮点"、概括"实绩"而感"头疼"，实现以"不变"应"万变"。让校长教师能"静下心来教书、潜下心来育人"，让学校的教育活动更契合学生内在的真正需要。

有遵循规律的实施策略。学校要通过"尊重教育规律、丰富教育民主、建构现代学校制度、坚持依法治教"等策略切实提升治理能力和水平，在自觉遵循规律的基础上增强工作的主动性、创新性，常规工作可通过正常的记录、汇报、告示等形式向社会公开，不需要频繁而密集的检查评比，让校长腾出精力来谋事、干事。学校可以在主管部门公示的检查评比"项目清单"中作出选择和取舍，根据学校的发展思路和已形成的办学特色来决定迎检与参评项目，甚至"可以拒绝任何计划外的评估和检查"。当然，学校在取舍时应与主管部门沟通好，正确的取舍有别于简单的敷衍。

（作者系江苏省江阴高级中学原副校长，江苏省特级教师、正高级教师）

（文章原刊于《人民教育》2015年第08期）

期待科学民主地评教

李 军

作为一名基层义务学校的管理工作者,我深深感到要想真正拥有"办学自主权"是多么不容易。现实中,各种名目繁多、烦琐细碎的评估、评审、评选、创建常常接踵而至。我作过统计,某县教育局曾经一个月内下发多达 50 份通知和文件,有时一个星期安排四五次会议,校长被迫沦落为"开会校长"。主管部门或政府其他部门每个月都会主动安排学校做一些他们看来很重要的事情,但从一个一线学校管理者的角度来看,有些其实是可有可无的,有的甚至与学校没有多少关系的创建活动等也会强行要求学校完成。

特别是如果从学生成长的角度来看,很多带有运动式、临时性的创建活动和学生的实际生活是没有多少关系的。

更为可笑的是,不是教育主管部门的一些政府部门(不便举例),也会经常有评审、创建等任务分解到学校,令人无所适从。拒绝吧,人家既是上级政府部门,又好像与学校有那么一点点关系;接受吧,徒增对学校发展、教师发展、学生发展无甚意义的诸多事务,严重影响了学校、教师、学生的正常教学和学习工作,浪费了诸多时间和精力。

多数校长出于"对上负责"的心理而冲淡"对下负责"的愿望,于是官僚主义、形式主义在所难免。一些基层校长已经异化为"只对上负责,不对下负责"的治校模式,办学方向发生严重的偏离,离学校办学的本质已越走越远。

面对如此现实，谈基层义务教育学校"办学自主权"感觉有些无奈，可以说，多数时候我们是"戴着镣铐在跳舞"，应付尚且目不暇接，何谈"自主"？如何破解这一现实困境，是摆在政府和校长面前的一个重要命题。我想提三点建议。

一是政府要简政放权。"善政必减。"只有该简的简，该放的放，才能激发学校和社会活力，激发学校发展的动力和办"师生向往"学校的潜力。按照十八届三中全会《中共中央关于全面深化改革若干重大问题的决定》精神，要深化行政审批制度改革，已经命令取消的，要不折不扣地放给学校、社会，不能变相保留和控制。要及早把学科设置、课程设置、评价设置的权利下放给学校，尤为关键的是要思考如何把最核心的人事权、财权下放给学校。只有学校拥有了这些核心的自主权，才能真正促使学校走向现代化。

二是着力构建现代学校制度。政府放权时往往有所顾忌，担心"一放即乱"。要解决这一实际问题，首先要依据教育部出台的《义务教育学校管理标准（试行）》的要求，把构建现代学校制度作为校长办学的重要方面，在放权的同时建立有效的治理机制。对于义务教育学校，要加快推进教职工代表大会和家长委员会制度建设，切实推进教师、家长、社区真正介入学校管理的全过程。其次，根据教育部下发的《全面推进依法治校实施纲要》，校长要把依法治校的能力和成效作为治理学校的重要内容，实行依法办学的考核标准、考核制度、考核办法，要将行政权的行使规范在法治的轨道上，强化信息公开，让权力在阳光下运行。再次，校长要实行民主管理制度。对于原则性、方向性、制度性等重要事情，要主动面向社会、面向教职工、面向学生。要牢固树立服务意识，一切以学生为中心，致力为学生个性发展、生命成长提供民主、宽松、开放的教育，真正提高服务能力和服务水平。只有树立这种意识，才能真正实现学校治理健康、持续地发展。最后，校长还要有敢于说"不"的勇气和决心，对一切与学校发展、学生发展无关的事情要坚决说"不"，要有抵御"美丽肥皂泡"的勇气，要有成为"教育家"的信心。

三是推行科学民主评教。在推进"管办评"分离中,如何客观、公正、科学地实施评价,对于简政放权和校长治校能否真正推行有着重要的意义。要强化专业组织评价,加快构建第三方评估学校的常态化机制,尽量减少"行政化"评价,构建多方共同监督学校的办学体制。

目前各校都建立了家长委员会,但多数还没有真正成为学校内部管理的一个主体。要实施"家长评教"和"学生评教",杜绝形式主义、虚假主义,通过"家长评教"和"学生评教"等途径促进校长管理的规范化、常态化、科学化。尝试建立学校理事会治理机制,推行校长公推公选制度,对于在"家长评教"和"学生评教"活动中达不到满意度的校长、教师要实行"请辞制度"和"强化改进制度"——这是我理想中的检查评比体系,它把校长、教师的精气神都凝聚在了办学上。

(作者系江苏省泰州市许庄中心小学副校长)
(文章原刊于《人民教育》2015年第08期)

检查评比应成为学校发展、学生成长的"助推器"

段安阳

检查评比历来是各个系统、各条战线推进工作的基本方法和手段。在教育系统，科学适量的检查评比可以起到约束和导向作用，是上级教育主管部门指导基层学校正确开展工作的有效手段，对推进学校教育发展改革是十分有益的。然而，近年来花样百出、名目繁多的检查评比，让基层学校苦不堪言，甚至严重影响了正常的教育教学秩序。

"迎检""迎评"乱象

有的学校一年内要迎接数十项大检查，有教学工作大检查、实验室大检查、安全大检查、体育工作大检查、校园文化大检查、德育工作大检查、宣传工作大检查、学校网络安全大检查、学校收费工作大检查、骨干教师培养工作大检查、党纪工作大检查、工会工作大检查、学校卫生大检查、校园足球推进工作大检查、戏剧进校园工作大检查……这些仅仅是教育系统内部开展的大检查。另外，人事、纪检、卫生、环保、消防、物价、公安、质量监督等政府职能部门每年也要到校检查多次。名校、城区小学、乡镇中心校成为检查评比的泛滥区，还有参观、展示、来访、考察活动，教师们应接不暇，有时连备课、批改作业的时间都没有。检查评比杂乱，行政干预过多，基层学校要花大量的人力、物力、财力来应对，对学校内涵发展、学生健康成长带来严重影响。且看某些学校的做法。

某省教育评估院专家组对某普通高中进行省三星级学校评估验收。按照规定，每班学生人数不能超过54人，而此校每班人数多达八九十人。怎样才能顺利通过省级检查验收？学校领导研究决定，每班多于54人的由班主任做工作，临时停课回家休息几天，并将教室多余的桌凳搬走，学校还另造了一份学生花名册备检。

有的学校为了迎接卫生大检查或广播操评比，全校停课搞卫生或广播操排练，严重影响了正常的教学秩序。基层学校弄虚作假的目的很明确——顺利通过甚至高分通过检查验收，为学校争得荣誉，学校门口荣誉墙又能增添一块金光闪闪的省级铜牌，让全体家长以校为荣，让全体师生爱校如家。有了"不菲"的政绩，也好向当地政府申请本来就应该得到的教育经费。

教育是塑造人的工程，教育的使命之一是教学生求真。陶行知说："千教万教教人求真，千学万学学做真人。"这些学校一边在学生大会或品德课堂教育学生：要诚实真诚，实事求是，做一个正直的人，不弄虚作假，不阳奉阴违；一边教学生为了学校荣誉集体撒谎，做虚假材料，造虚假台账。此种行为对学生成长是致命的打击，他们会怀疑这个世界，怀疑这个社会，以至于失却内心的价值底线。

检查评比要给学校发展空间

作为一名一线教育工作者，我就检查评比分别给教育行政管理部门和基层学校提几条建议。

教育行政管理部门可以变专项督导检查为教育综合调研。教育局职能部门很多，有教研室、教科室、教育技术装备室、安全监督室、督导室、人事科、工会、财经科、校舍科等。各职能部门围绕自己分管的工作，分头下达任务，而且随着网络无纸化办公的普及，不少基层学校一天要收到数十份上级电子文件。检查验收也是各自为政，有的学校一天要迎接四五个检查团。教育主管部门要协调各职能科室有效、有序地开展工作,由教育局牵头,把各条线的专项检查整合在一起,变专项督导检查为教育综合调研。教育综合调研不搞评分排名,不集中安排在年终,全年内随机走访,不打招呼,不下文件,不要基层学校准备"假、大、空"的迎检材料。变行政家长干预式"管"为专家顾问式"理",带着帮助和服务的意识参与学校管理,为学校可持续发展出谋划策。

可以变非教育部门进校检查为教育行业内垂直管理。某市一城区小学在2012年共迎接各类检查和验收50多次,其中一半以上是教育系统之外政府职能部门的检查,有环保局、消防局、财政局、物价局等。学校办学由教育行政管理部门主管,其他政府职能部门要为学校发展保驾护航、出谋划策,给教育主管部门提出意见与建议,变非教育部门进校检查为教育行业内垂直管理,切实减少基层学校多头管理、多头检查的无序状态。给学校发展留足空间,就是给学生成长带来益处。

学校要扎扎实实办学,做好日常工作。校长负责制是现代社会赋予校长的办学自主权,校长的办学思想与学校发展水平密切关联,所以社会呼唤教育家办学。在教育家稀缺的当下,学校管理者需要扎扎实实办学校,校长要对教育有着一种虔诚的情怀,对真、善、美保持一种儿童般的向往。千万不能有急功近利思想,千万不能有"带着任命来,带着政绩走"的思想,要把学校各项工作做细做实,为教师教书育人提供宽松和谐的氛围,为学生健康快乐成长提供保证。不能平时不抓教育教学工作,忙于行政走访、拉关系,到检查验收任务来临时,带领师生一起弄虚作假,做有悖师德的虚假应付工作。

要办出质量和特色,提升学校话语权。学校工作千头万绪,校长管理学校要分清轻重缓急,理顺条块职权,忙而不乱;要在宏观中把握细节,在微观中洞察全局。"行高于人"是衡量一个校长是否成熟的重要指标。邀请专家团队为学校量身定制顶层发展蓝图,用教师的特长办出学校的特色,必要时善于利用校外资源也是一种积极开放的办学思想。学校有了科学的办学思想和价值追求,校长就会以科学的方式最大限度地实现师生最优发展,让全体师生在校园快乐同行,结伴成长,共享教育幸福。这样,校长对各项检查评比才拥有话语权,会对学校发展和学生成长带来的干扰或影响作出正确选择,敢于说"不"。

(作者单位系浙江省宁波滨海国际合作学校)
(文章原刊于《人民教育》2016年第22期)

回归教育检查评比的初心

张洪锋

检查评比要"接地气"

某地一个教育系统外的检查组去检查验收一所学校法制教育示范基地建设成果。检查组对学校实际工作成效交口称赞,高度评价。然而,当看到学校提交的书面验收材料只有5厘米厚时,很是不满。校方咨询要多厚?对方手势显示,一两尺厚才可以勉强通过。校长愤然拒绝验收组,当场表态:凡是"促退"的形式主义验收放弃创牌。结果,校长受到多位分管领导批评。

某地开展社会测评,其指标涵盖教育各范畴。经过几轮评审,效果明显。然而,在部分指标设计和调整上追求"全纳入",把各级考核挂钩项目全数纳入,导致测评权重背离教育主线……

凡此种种现象,基层校长和基层教育部门管理者都心知肚明,谁也不去计较,受检单位领导内心有谱:每次都是虚假材料填空,迎来送往;检查者也明知下面造假,资料如山空四海,翻来覆去走过场。也有明白的教育人在想:这样的验收评比到底有什么用?为什么要进行验收评比?今后还要不要继续评?怎样的验收评比才能真正促进学校师生的成长?

教育是一个复杂的过程,教育检查评比也不是洪水猛兽。检查评比的初衷没有错,就是要促进学校健康良性发展,促进学校师生的成长。

但如今，不少教育检查评比变味了，背离了初衷，反思其原因：首先，一些部门对教育检查评比验收的主观意图出了偏差，一些非教育系统部门缺少资料素材，教育系统是"资料库"，教师能说会写，学生人数巨大，都是极好的"资料员"。于是去教育系统积累素材，应付上级考核。他们可能没有想过，验收是"促进"而不是"促退"教育。其次，教育验收评比的指标不科学，尤其体现在不接地气，脱离教育实际。比如，一些中西部小学学生流动到东部发达地区后，原有校舍占地面积不变，人数锐减，学生人均占地面积和建筑面积数很大，根据某些考核指标，数字大几十倍的不合格；而东部发达地区流入务工者子女多，原有班级在尽量吸纳接收后，班级学生人数超过验收指标也不合格。两个不合格，校方的整改方法是面积造假、人数造假、报表造假。因为就实际情况来说，中西部地区学校很难招到相应的学生，也不好随意割掉教育用地用房。东部地区要不残忍拒收，短时期新建扩建也难实现。而参加检查验收的往往是领导、退居二线的领导或者远离一线的所谓专家，甚至是外地来的和尚好念经——缺乏教育学术专业背景的人员。第一拨人这么要求，第二拨人那么要求。他们的随意性点评，导致学校发展方向"脉象紊乱，阴阳失调"。如此种种，令人甚为痛心！

检查评比在控制数量的前提下，应注重"保规范、促提升、导发展"

我担任农村小学校长已近10年，也对教育检查评比验收欲弃之而后快。但是，事物存在的合理性告诉我们，教育检查评比并不是一无所用，教育主管部门也好，基层学校也罢，都应回归做工作的初衷：为学校师生成长而努力奋斗。我以为，教育检查评比在做到控制数量的前提下，应注重发挥保规范、促提升、导发展三个层次的作用。

教育验收评比应该成为"保规范"的利器。我所在的地区3年前就开始引入第三方教育评估方式，是浙江省首个实施义务教育阶段素质教育第三方测评的县市。在测评指标中，设有规范性指标，如师德、班额、按规定开课、作息时间、作业量等硬性指标，如果学校忽视了这些教育管理最起码的要求，那就是"掉底儿"的事，是要被一票否决的。我非常认同这种做法，因为这是我们按照国家规定进行教育教学、开展学校管理所要坚守的底线。通过第三方测评，防止走过场、熟人验收、应付验收等弊端，对区域内各学校的规范发展起到了很好的托底作用，有利于整个区域内学校的整体规范化建设。这是办学最低层次的要求，教育评估验收就是利器，是刀刃上的好钢。这样的检查评比验收，政策规定，领导重视，学校接受，社会满意。

教育验收评比第二层次的作用应该是"促提升"。教育主管部门对评估指标的设计，应着重在保规范的基础上，对学校进行诊断性和内省性的评估。即学校在学习评估标准后，能够进行自我诊断和评估专家诊断，并进行自我调整、反思、弥补和修正。有些指标如学校育人环境的优化提升；校领导的专业提升、下课堂听课等；教师的学历提升，个体专业成长提升等；学生音、体、美全面素养技能的培养和学生个体德育成长提升等，如果指标设计能够立足当地教育实际，适当顾及区域教育均衡，学校、领导、教师和学生都能找到自己所处阶段提升的目标，实现教育评估促进学校各项事业整体提升的目标。反之，如果设计的指标背离教育实际，远离教育一线，就会成为学校教师和学生的沉重负担。如一些地方为了推进教育现代化网络建设，强迫教师建立个人博客，规定每天点击次数和上传资源大小，还要不断通报排名情况，导致师生整体忙于应付造假。

"导发展"是教育评估验收的一种理想化层次。区域教育评估验收的标准统一，正面作用是整体提升，负面作用是容易千校一面，缺乏个性。办学校就得因地制宜、因校制宜、因人而异。师生选择和个性化成长是未来教育发展的主导方向。对于一所学校来说，如何通过教育评估的导向，引导学校管理层分析自身优势和缺点，统筹现有资源，制定学校个性化发展规划，寻找适合学校特色发展的道路，方为上策。在过程性评估中，引导学校总结阶段性发展成果、修正过程性问题，调整确定合理发展目标和方向，着眼于学校中长期发展愿景打造，学校育人核心文化的提炼与形成，是为正道。教育评估要适度放宽学校自主办学指标的设计权限，或许能催生百花齐放。

教育检查评估不可怕，可怕的是忘记了自己工作的初衷。我们期待精简高效的检查评估新风进入校园，让教育检查评估和学校师生成长同向并进。

（作者系浙江省慈溪市周巷镇潭北小学校长）
（文章原刊于《人民教育》2016年第22期）

将检查评比"融入"学校生活

王文英

不可否认，检查评比可以促使学校工作更加规范有序，形成正确的行为导向。尽管各地不缺有思想、有见地、有抱负的学校管理者，然而不可避免地会存在一些办学思想不清晰、办学行为不规范的管理者。必要的检查评比无疑能为学校提供一份可以参照的标准，使每一位办学者明确目标、厘清思路，确保每一所学校正常运转。

检查评比可以激励先进，形成良好的舆论氛围。在检查评比过程中，可以发现一些学校卓有成效的办学经验、先进典型，如善加利用，不仅可以表彰、激励先进，更能为其他学校提供可以借鉴的经验，促使整个区域办学水平优质均衡发展。

检查评比还可以发现问题，为决策提供实践依据。尽管经过大量调研并征求意见，但有些检查内容并不符合现实发展的要求，不能有效地发挥规范、导向、激励的作用。通过检查评比，可以发现检查内容本身存在的不科学、不完善之处，以此为决策者提供依据，及时调整。

当然，现实中也有一些走马观花、追求形式的检查评比，对于这样的检查评比，学校大可不必理会，要敢于说"不"。

换一种方式迎检迎评

学校管理者和教师之所以对各种名目的检查评比怨言颇多，主要在于其打乱了原来的工作计划，增加了工作量。的确，如果被动接受，且平日没有作相应的准备，检查评比就是"额外工作"，令学校应接不暇，从而草草了事。

那么，我们是否可以换一种方式，以主动积极的态度去应对呢？我梳理了学校所在区域进行的一些检查评比发现，尽管不排除有一些属于突击性的，但大多是常态化的。而突击性检查评比中，大量的工作也并非额外之事。如"文明城市"检查，涉及学校的检查内容主要是关于未成年人思想道德建设，如德育主题活动、校园环境、文明礼仪、养成教育、体质健康、卫生艺术等方面，这与学校德育、体卫艺工作紧密相关。再如"健康促进学校"验收，主要涉及校园环境、有关健康方面的设施设备配置、学生卫生健康知识知晓以及健康卫生活动的开展，这也是学校设施装备、体育卫生的重要内容。可见，很多所谓的"额外活儿"，事实上是学校的"分内事"。

但这些分内事也的确是纷繁复杂，如果不加以统筹协调，足以让人疲惫不堪，却不一定能取得实效。为此，我们需要系统整理。对于经常性开展的检查评比，可以对其条款分门别类——梳理，如对校园环境、师德师风、教育教学能力、德育主题活动、养成教育、卫生健康、道德法治、学生学科素养等加以梳理；再对每一类别所需开展的活动及目标进行整理并列出清单。清单内容包括一级指标，即分门别类列出的各个项目；二级指标，即每个项目需要开展的活动、达成的目标。对于二级指标中需要开展的各项工作和需要达成的目标加以分析、研究，讨论哪些工作可以统整，哪些工作可以合并，哪些工作可以整体规划。最后，各职能部门根据规划内容进行再思考，并将所需要承担的任务纳入条线计划。事实上，面向学校的检查评比，无外乎上面提到的那些门类，如果部门配合、及早准备、统筹兼顾，从管理者到教师都能做到心中有数，面对各种常规检查评比时，我们就能从容面对。

与日常教育教学相融合

检查评比并不是目的,而是促进学校办学水平提升、师生发展的重要手段。只有将检查评比工作真正落到实处,学生的健康成长才有保障。

与环境建设相结合。良好的环境能润物无声地促进一个人知、情、意、行的内在转化,潜移默化地影响人的思想和行为。我们不妨将一些检查评比内容与环境建设有机结合起来,使孩子们身处其中,耳濡目染,起到事半功倍的作用。如我校把人流量最多的长廊作为"礼仪廊",廊道里的柱子、墙面分别用图文结合的形式布置了师生共同创编的礼仪歌,如《读书歌》《劳动歌》《就餐歌》《健体歌》等,朗朗上口的儿童化语言,形象生动的榜样式画面,吸引了孩子们的眼球,他们在课余驻足停留,看着、念着,不知不觉对行为规范有了清晰的认识。与环境建设结合,要考虑儿童的年龄特征,避免大块文字的张贴,也要避免超出学生认知和理解能力的内容上墙,要用通俗易懂、图文结合的方式,可以考虑设计成互动式内容。要注意及时更新环境布置,让孩子们心怀期待。如学校橱窗,可分别以法制、卫生、健康、安全等为主题,定期更换。

与课程开发相结合。可将一些检查评比内容与校本课程的开发和实施结合起来,弥补国家课程与地方课程的不足,满足办学的不同需求,促进学生的个性发展。如体育学科,目前还没有统一的教材,我们组织相关人员对其进行研究,寻找关于健康常识、卫生保健、自救自护等方面的知识进行梳理、选择,形成体育学科的校本教材。再如主题班会课,也没有现成的内容,我们开发了"百川故事会",分生命安全、自我意识、人际交往、归属与爱四个方面寻找相应的绘本故事,并设计配套活动,让孩子们从中认识自我,懂得交往,珍惜生命。我们还根据需要研发微课程,如环境保护、廉洁自律、节约能源等,供教师选择使用。

与活动策划相结合。教育是在活动中进行的,小学生每天都会参加各种活动。如果将一些检查评比项目融入学生平日的活动,效果定会事半功倍。如关于社会主义核心价值观的落实,我们没有让孩子们去机械背诵记忆，而是以爱国、敬业、诚信、友善为主题，组织开展讲故事比赛，让孩子们在故事中了解什么是爱国行为，知道敬业才能成功，诚实方能赢得他人尊重，友善才能交到朋友。再如，关于法律知识进校园的检查，我们通过画展的方式，让孩子们用稚嫩的画笔形象生动地表达学习法律的体会。这种方式既受到了孩子们的喜爱，同时也能使枯燥的法律常识走进孩子们的内心。又如，为考查孩子们的劳动技能和劳动意识，我们组织美食节活动，孩子们便认真学习制作美食，学做家务。当严肃的检查评比以活泼的形式进行时，检查评比就不再被排斥，而成为促进学生发展的重要手段。

与表彰奖励相结合。对于小学生而言，表彰奖励能激发他们内在的动力，引导他们向着某个目标前进。为此，我们可以将检查评比与对学生的表彰奖励结合起来。根据检查评比项目，分别设立相应的奖项，如劳动小达人、环保小卫士、美丽小公民、自护小能人等。当然，这些奖项的评选不能凭印象随意进行，需要有配套的标准，应该结合平时的行为及活动中的表现，通过自我申报、现场答辩等方式综合评定。如劳动小达人的评选，前提是必须获得班级的劳动章（在班内完成值日好的学生可以获得劳动章）及学校的劳动章（参加校内义务劳动获好评可以获得校级劳动章）。

总之，将检查评比内容融入日常的学校生活，使之成为培养人的过程中不可或缺的一部分，才能让人感觉它不是负担，并发挥其应有的作用。

（作者系江苏省太仓市新区第二小学校长）
（文章原刊于《人民教育》2016年第22期）

辑八

学校危机管理 2.0 版

防治学生欺凌和校园暴力需综合施策

俞伟跃　耿　申

当前,我国中小学生中的欺凌和暴力事件出现了新的特点和趋势,在对近两年网络新闻平台上收集到的 61 起欺凌和暴力事件进行分析后发现:发生在校外的事件共有 36 件,占 59.0%;涉事者中在校生 207 人,占 66.8%,初中生 182 人,占 87.9%;涉事者中女性占大多数,共有 215 人,占 69.4% 等。有些事件还呈现出性质非常恶劣、方式翻新、网络欺凌高发等特点。防治学生欺凌和校园暴力,需要明确思路,多管齐下,多措并举,采取针对性措施,凝聚社会、家庭、学校多方合力,构建安全成长的良好环境,呵护中小学生健康成长。

积极完善法制建设

我国《刑法》规定,已满 14 周岁不满 16 周岁的人,犯故意杀人、故意伤害致人重伤或者死亡、强奸、抢劫、贩卖毒品、防火、爆炸、投毒罪的,应当负刑事责任。因而,对于未满 14 周岁或已满 14 周岁故意伤害但没有致人重伤的,不能构成犯罪,这类行为均作为一般民事纠纷,由监护人承担民事赔偿责任,校方轻则警告、训诫,重则开除学生息事宁人。

与中国相同,德国、日本都把 14 岁作为刑事责任年龄起点,但法国定为 13 岁,荷兰、印度、加拿大、希腊、匈牙利、丹麦都定为 12 岁,中国香港和美国的纽约州都定为7岁。为了惩戒校园欺凌行为，很多社会人士呼吁应该降低刑事责任年龄起点，建议未满14岁也应该治罪，但要予以轻罚。

2016年12月28日，最高人民检察院召开"依法履行检察职能，积极参与防治中小学生欺凌和暴力"为主题的新闻发布会，提出对已满14周岁不满16周岁的学生使用轻微暴力或者威胁，强行索要其他学生随身携带的生活、学习用品或者钱财数量不大且未造成一定危害后果的，不认为是犯罪。但对实施严重危害社会行为，未达到刑事责任年龄的未成年人，会同公安机关责令其监护人严加管教，必要时交由政府收容教养。

因此，要谨慎对待未成年人入罪范围扩大问题，积极探索构建刑罚之外的惩戒、矫治制度。可借鉴他国司法和救助制度，如美国设立的未成年人社区矫正制度。针对未成年人判决的大多数案件，都采取了非监禁执行，对于那些较轻微的行为如破坏财产、盗窃、伤害等，强制其参加一定期限的社区服务。

目前，教育部正在研究起草《学校安全条例》和关于建立健全中小学安全风险防控机制的意见，把防治中小学生欺凌和暴力作为其中的重要内容，构建教育、预防、处理、救济于一体的防范处理机制和法律制度体系。同时，国家相关部门将进一步加强对未成年人的法律保障和对中小学生欺凌与暴力事件的惩处。

重视家庭教育方式

家庭教育的质量以及父母的行为方式，关系孩子的终身发展。从对一些学生欺凌和暴力事件的分析来看，不少施暴者来自暴力家庭，存在父母监护缺位、家庭教育缺失等问题，导致孩子身心成长发生了严重偏差。而大多数暴力和欺凌事件又发生在校外，家庭的监护责任尤其重要。

家长要依法履行家庭教育职责，建立对欺凌暴力的正确认知，掌握合理的应对方法。及时了解掌握孩子不同年龄段的表现和成长特点，从源头上防治孩子欺凌暴力行为的养成。在与孩子一起面对"欺凌事件"时，家长应尊重孩子，注意加强与孩子心灵的沟通。孩子若不愿意告诉被欺凌的事，家长可以选择在其他轻松的氛围中了解情况、出谋划策，或直接帮助孩子解决问题。

教育部门应积极会同有关部门，努力构建较为完善的学校、家庭、社会共同参与的中小学生欺凌和暴力防治工作体系，减少因家庭教育缺失导致的学生欺凌和暴力事件。开展家校互动活动，通过开办家长学校、组织家长委员会、设立家庭教育咨询机构，帮助家长开展好家庭教育，强化家长对未成年人的监管及教育责任，引导家长言传身教，做孩子遵纪守法的榜样。及时了解学生家庭情况，特别要动员父亲多参加亲子活动，多参与家庭教育。建立教育专家热线，便于家长向相关教育专家、心理专家、法律专家等多方人员咨询，提高家庭教育水平。

营造平安校园环境

良好的校园文化有助于在潜移默化中建立学生间良好的人际关系，有助于预防学生欺凌和暴力。学校可以借助丰富的集体活动或主题活动，落实《中小学生守则（2015年修订）》，开展"法治进校园活动"，落实《中小学心理健康教育指导纲要（2012年修订）》等，优化学校文化环境，为学生间的友好交往创造机会，形成团结向上、互助友爱、和谐的人际交往氛围，并逐步形成正确的世界观、人生观和价值观。2017年，教育部会同中央文明办深入开展文明校园创建工作，推动校园文化生活质量的提升。

科学规范处置流程

对于中小学校来说，"依法依规处置"的关键是以保护遭受欺凌和暴力的学生身心安全及促进施加欺凌和暴力的学生内心感化、行为转化为核心，建立和完善处置学生欺凌和暴力事件的基本流程。各中小学校都应按照"强化事先预防、及时应对事件、做好事后辅导"的基本原则，建立防治学生欺凌和暴力领导小组，制定和规范防治学生欺凌与暴力的处置流程，包括早期预警、及时上报、事中处理以及事后心理干预等，对校园欺凌做到早发现、早预防、早控制。对欺凌或施暴学生要进行有针对性的教育引导和帮扶，给予其改过机会。但对施暴情节严重者，则须采取请公安民警参与警示谈话、实施训诫、做义工、移交公安机关等惩戒措施。

区域要加强校内与校园周边的安全工作管理，做到点面结合，重点突出；措施上实行强化值班与狠抓宣传相结合，制定完善应急制度；责任上建立责任倒查制，严格遵守规章制度，对于严重违反校纪校规、扰乱正常校园秩序、暴力情节严重的学生必须遵照相关规定严厉惩戒。

规范专门学校建设

专门学校是基础教育的重要组成部分，是义务教育的底线，在维护教育公平、教育和矫治有严重不良行为未成年学生、预防未成年人犯罪等方面发挥了很好的作用。在处置学生欺凌和暴力事件时，对实施欺凌和暴力的学生、学校和家长要进行严肃的批评教育和警示谈话，情节较重的，公安机关应参与警示教育。对屡教不改、多次实施欺凌和暴力的学生，应登记在案并将其表现记入学生综合素质评价，必要时转入专门学校就读。

专门学校要坚持以人为本，注重因材施教。要把学生缺点当特点，把学生要求当成学校要求，把学校的特殊性当成特色，大力推进工读教育改革，重视课程开发，探索工读教育与职业教育结合的有效模式，让问题学生顺利回归和融入社会。

建立综合治理机制

校园欺凌的产生原因复杂，既有主观原因，又有客观原因；既有历史原因，又有现实原因；既有教育内部原因，又有教育外部原因。各地要联合教育、综治、法院、检察院、公安、民政、司法、共青团、妇联等部门，组织成立防治学生欺凌和暴力工作领导小组，明确任务分工，强化工作职责，完善防治办法，形成党委领导、政府负责、部门协同、社会共治的工作体系，坚决遏制校园欺凌频发的势头。教育行政部门和中小学校要与当地公安、司法等机关密切配合，建立一套系统化、多元化处置机制，特别要加强校园周边环境治理。相关部门应进一步明确未成年人监护人的监护职责，遵循教育、感化、挽救的方针，探索建立符合未成年人年龄、心理特点和身心发育需要的监督管理措施。

切实加强督查评估

国务院教育督导委员会开展了校园欺凌专项治理工作，督促各地加强防治学生欺凌和暴力。各地要建立学生欺凌和暴力防治评估体系，引入第三方评估和群众评议，客观、公正、科学评价工作效果，把学生欺凌和暴力防治工作绩效纳入平安建设、精神文明创建、社会治安综合治理考评范围。将学校开展防治学生欺凌与暴力工作的情况纳入年度考核，并开展经常性检查，定期总结。对开展防治学生欺凌和暴力工作突出的地方、学校要予以表扬和表彰，对开展防治学生欺凌和暴力不力的地方、学校要予以通报批评。各校要结合实际，形成各具特色的防治学生欺凌和暴力活动，编制学校年度防治学生欺凌和暴力工作计划及班级、学生考评办法，将学生欺凌和暴力行为纳入学生综合素质评价，与评优评先结合起来。

（俞伟跃系教育部基础教育司副司长；耿申系北京教育科学研究院研究员）

（文章原刊于《人民教育》2017 年第 09 期）

家校纠纷中,应如何给学校赋权、确权

侯春平

近年来,学校管理者不时会面临家校纠纷的困扰。由于家校双方所持立场不同,导致对事件的定性以及处理结果的态度迥异,使得家校纠纷进一步激化,学校回应的迟缓与回应的态度反而引发了更大的质疑,凸显学校应对突发事件能力的欠缺。但是,对学校处理事件态度的关注无益于问题的解决,我们必须回到问题的本身。

因此,对家校纠纷发生的原因、家校纠纷的预防、家校纠纷发生后学校应如何发挥积极性作用进行探讨,有非常重要的现实意义。

为什么会产生家校纠纷

一是家校纠纷产生的事实原因。一般来说,家校纠纷的产生首先源于一定事实的发生,本文概括为基础事实。比如,学校教学设施和设备造成的校园事故、校园欺凌、意外事故等。2016年年初,北京某小学的毒跑道事件,引起了家校关系紧张;也有发生校园欺凌后,引发的家校纠纷;还有发生意外伤害事故等引发的家校纠纷。2016年,北京某小学"欺凌事件"引发的家校纠纷,就源于家校双方对学生受伤害事件的定性无法达成一致。基础事实的发生是家校纠纷产生的基础原因。

二是家校纠纷发生的直接原因。实际上,并不是发生基础事实就会产生家校纠纷，基础事实发生后，家校沟通渠道畅通，问题得到了解决，家校纠纷就不会发生；或者校园事故等基础事实发生之后，因为《侵权责任法》第38、第39、第40条以及其他法律规范有明确的规定，这类事件的当事人即使对沟通结果不满意，可以通过诉讼方式解决。因此，基础事实发生后家校沟通不畅，是家校纠纷发生的直接原因。

三是家校纠纷发生的制度原因。在北京某小学"欺凌事件"中，家长与学校的根本分歧在于，家长认为事件应定性为校园欺凌，而校方认为不是校园欺凌，只是偶发的事件。2016年5月，国务院教育督导委员会办公室印发《关于开展校园欺凌专项治理的通知》。根据《通知》要求，校园欺凌是指发生在学生之间，蓄意或恶意通过肢体、语言及网络等手段，实施欺负、侮辱造成伤害。这为界定校园欺凌行为给出了原则性指导，但在实践中如何界定尚缺乏可操作性，因此目前这些事件尚处于"灰色地带"。对校园欺凌界定程序的缺失，是家校纠纷产生的制度原因。

四是校方处理问题应对能力的原因。当有关学校的舆论事件发生后，由于校方缺乏应对突发事件的处置能力，出于某些原因，校方没有对舆论事件及时回应和反馈，或者回应和反馈方式不被公众接受，会让公众和家长有一种知情权没有得到实现的感觉，在互联网发达的时代，很容易造成事件升级。

五是家校纠纷的实质原因。家长往往是家校纠纷外化的发起者，家长的态度和价值取向决定事件的走向，家长想通过家校纠纷外化的方式得到自己想要的结果。如北京某小学"欺凌事件"中家长对事件定性的要求，其实是成年人复仇心理作用下的表达方式，家长的心情可以理解，但我们不认同这样的表达方式，因为即使认定为校园欺凌，对自己孩子来讲，受到的伤害不会因此而减少。在制度性缺失的情形下，对孩子进行恢复性帮助或许是更可取的办法。

家校纠纷的具体表现及其负面作用

一般来讲，基础事实发生后由于家校沟通渠道不畅，或是沟通结果没有达到预期，家长会以各种形式将家校纠纷放大，比如通过互联网发布、接受媒体采访或是在校门口集会的形式，让更多的社会力量参与到讨论中来，通过这种方式给学校施压，以期达到事情向自己希望的方向发展。北京某小学"欺凌事件"发生后，家长认为是校园欺凌，学校则持相反的意见，家校沟通未果，家长在向教育行政部门投诉的同时，又通过互联网发表声明，引起了社会广泛关注。

另外还有基础事实发生后，在家校沟通不畅或沟通未果时，家长采取的极端方式。比如某地学生在校意外身亡后，家长在校门口采取烧纸等不当方式，严重影响了学校正常的教育教学工作。这些通过非理性渠道解决家校纠纷的做法，是典型的"校闹"行为。本文的态度是，家校纠纷的解决要依法合理进行，切忌用违法的方式解决纠纷，否则不仅纠纷得不到解决，还可能造成违法或犯罪。

家校和谐是孩子健康成长的重要保障，家校良好沟通是关注孩子成长的重要途径。家校纠纷的产生，破坏了这种和谐，危害性非常大。家校纠纷产生后，无论处理结果如何，纠纷发展过程将会对孩子产生严重的心理障碍，而家长也会耗费大量的时间和精力；学校如果处置不当，会承受巨大的压力。而且，引起家校纠纷基础事实的其他当事学生，也会成为受害对象。

家校纠纷不能得到很好的解决，其根本原因是基础事实没有得到很好的解决。比如校园欺凌，目前尚缺乏对校园欺凌行为可操作性认定的规范，因此，可能有的欺凌事件就会不了了之，最后被欺负的孩子可能生活在被欺负的恐惧中，而欺负人则由于没有受到相应的惩戒，可能会继续欺负别人。在学校惩罚功能缺失的现实情况下，任凭孩子这样发展下去，欺负他人的孩子的发展前景也令人担忧。

如何预防家校纠纷

预防家校纠纷的根本途径是防止引起家校纠纷的基础事实的发生。对于教学设施、设备等导致的校园事故，学校可以通过加强检查和排除隐患，防止这方面事故的发生；学校还可以通过与家长积极沟通，完善学生信息，做好管理台账，减少由于学生特异体质而在体育课引起意外事件的发生等。只要预防措施得当，没有发生基础事实，就可以从根本上防止家校纠纷的发生。研究表明，校园欺凌的产生主要是不良的家庭教育和社会不良文化的影响造成的，预防校园欺凌不仅需要学校的教育和管理，同时也离不开家庭教育的配合，还需要对社会的不良文化进行管制。

要建立和完善家校沟通机制。基础事实发生后，学校不仅要以积极的态度应对，做好与家长的沟通工作，保持家校沟通渠道的畅通，避免由于处理方式和处理态度不多而导致纠纷的进一步扩大和恶化。在此基础上，要及时公布事实的真相，让家长和社会知情。只有在态度上积极、程序上公开、沟通渠道畅通，才能更有效地防止家校纠纷的激化。我认为，预防家校纠纷需要各方换位思考，站在对方的角度思考问题，特别是站在受害学生及家长的角度进行思考，受害学生家长不要过分夸大事实，加害学生家长也不要漠不关心，学校不能高高在上，媒体更应该理性报道，考虑每一个孩子的感受。

预防家校纠纷需要成熟的纠纷解决机制作为保障。不仅要预防基础事实的发生，当家校双方产生纠纷时，要有纠纷解决的分流机制。在北京某小学"欺凌事件"中，当家校双方对事件的定性发生分歧时，如果有关于校园欺凌行为概念的界定程序以及校园欺凌行为的界定机构，当家校双方对界定结果不服时有救济途径和渠道，那么家校双方就不会产生纠纷。因此，制度的完善也是预防家校纠纷的一个很重要的途径。

家校纠纷中学校赋权、确权的必要性

由于"教育民主"被哄抬到一个不切实际的高度，绝大多数学校不敢轻易处分一个学生。

在日常的教育教学管理中，由于学校没有相应的惩罚功能，发生校园欺凌时，因为欺凌行为还构不成犯罪，司法无法发挥应有的作用，致使实施欺凌的人得不到任何惩罚。

如果不能对实施校园欺凌的学生给予一定处罚，长此以往必将纵容其更大的欺凌，再发展下去就是犯罪，对社会的危害更大，对个人的成长极为不利。

对受欺凌的学生而言，因为长期受到欺凌而得不到纠正，必将处于心理的亚健康状态，长此以往，要么造成畸形心理，要么成为欺凌更加弱小者的欺凌者，这都是我们不愿意看到的。

因此，预防家校纠纷的发生必须赋予学校相应的权力。家校纠纷发生后，有的家长采取非理性方式如"校闹"等，影响学校正常的教育教学秩序时，对学校的赋权和确权更有必要。

但是，赋权和确权是有前提的，应该以学校已经履行了相关的责任和义务为前提。如果学校没有履行相关的义务，而只谈赋权和确权，这是不符合逻辑关系的。一定要在建立对学生家长知情权的实现渠道以及渠道不畅通时的救济渠道前提下，进一步细化家校纠纷发生时学校的赋权和确权的具体内容。

家校纠纷中应赋什么权、确什么权

良好的家校关系，是孩子健康成长的保障，学校在履行教育、管理和安全保障职责的同时，为了孩子健康成长，为孩子创造良好的学习环境，应该赋予学校在预防和处理家校纠纷过程中的以下权利。

第一，加强中小学生思想道德教育、法治教育和心理健康教育。引导全体中小学生从小知礼仪、明是非、守规矩，做到珍爱生命、尊重他人、团结友善、不恃强凌弱，弘扬公序良俗，传承中华美德。落实《中小学法制教育指导纲要》和《青少年法治教育大纲》，开展"法治进校园"活动，让学生知晓基本的法律边界和行为底线，消除未成年人违法犯罪不需要承担任何责任的错误认识，养成遵规守法的良好行为习惯。落实《中小学心理健康教育指导纲要（2012年修订）》，培养学生的健全人格和积极心理品质，对有心理困扰或心理问题的学生开展科学有效的心理辅导，提高其心理健康水平。

第二，赋予学校严格日常安全管理权。中小学要制定防治学生欺凌和暴力的工作制度，加强师生联系，密切家校沟通，及时掌握学生思想情绪，对可能的欺凌和暴力行为做到早发现、早预防、早控制。对发现的欺凌和暴力事件的线索与苗头要认真核实、准确研判，对早期发现的轻微欺凌事件，实施必要的教育、惩戒。一旦发现学生遭受欺凌和暴力，学校和家长要及时相互通知，保护遭受欺凌和暴力学生的身心安全，严格保护学生隐私，防止泄露有关学生的个人信息，防止网络传播等因素导致事态蔓延，使学生再次受到伤害。

第三，赋予学校一定的惩戒权。对实施欺凌和暴力的中小学生必须依法依规采取适当的矫治措施予以教育惩戒，既做到真情关爱、真诚帮助，力促学生内心感化、行为转化，又充分发挥教育惩戒措施的威慑作用。对实施欺凌和暴力的学生，学校和家长要进行严肃的批评教育和警示谈话，情节严重的，公安机关应参与警示教育。对屡教不改、多次实施欺凌和暴力的学生，应登记在案并将其表现记入学生综合素质评价，必要时转入专门学校就读。

第四，实施科学有效的追踪辅导。欺凌和暴力事件妥善处置后，学校要持续对当事学生追踪观察和辅导教育。对实施欺凌和暴力的学生，要充分了解其行为动机和深层原因，有针对性地进行引导和帮扶，给予其改过机会，避免歧视性对待。对遭受欺凌和暴力的学生及家长提供帮助，及时开展相应的心理辅导，帮助他们尽快恢复正常的学习生活。对确实难以回归本校本班学习的当事学生，教育部门和学校要做好班级调整和转学工作。

第五，通过立法强化家长的监护责任，保障学校权力的行使。建议启动《反校园欺凌法》的立法工作。国家领导人非常重视校园欺凌治理，李克强总理在2016年6月对校园欺凌频发作出重要批示。2016年11月11日，教育部公布了联合中央综治办、最高人民法院、最高人民检察院、公安部等9部门印发的《关于防治中小学生欺凌和暴力的指导意见》，要求加强教育预防、依法惩戒和综合治理，切实防治学生欺凌和暴力事件的发生，对校园欺凌的预防、依法依规处置以及治理校园欺凌形成合力给出原则性指导。建议在立法中要落实家长的监护责任，因为管教孩子是家长的法定监护职责，要引导家长增强法治意识，切实加强对孩子的管教，特别要做好孩子离校后的监管看护教育工作，避免放任不管、缺教少护、教而不当，落实监护人责任追究制度。

（作者系国家安全监管总局华北科技学院副教授，中国应用法学研究所博士后）

（文章原刊于《人民教育》）2017年第08期）

站在互联网"风口"的家校关系如何处理

林卫民

中小学教育工作者都有这样一种感觉,这是家校关系比较糟糕的时代。

引发关系糟糕的原因很多,互联网时代更是把家校关系推向了"风口",与教育无关的事,因社会问题引发的恶劣心情,都带进了家长组建的虚拟空间族群,人心浮躁,碎片朵朵,本该宁静的教育事务涌入了太多的"浮云",而且一不小心,处在"风口"的家校关系,突然会被吹向空中,让正在闲步的人群注目和议论。你所管理的学校,同样也有可能会莫名其妙地被"风口"的某股风带上"云端"。

为此,学校管理者必须小心行事,建立起有效处理公共事务和主动协调家校关系的运作体系,提高学校教职工的沟通能力,防范"风口"的到达,避免"因某个翅膀的扇动"而引来一场风暴。

小事当大事处置,小事就会变成无事;小事当无事搁置,小事可能演变成大事

一次,一个调皮的孩子将餐盘里吃剩的残羹倒在还在吃饭的另一个孩子的餐盘中,引发了尚在就餐的那个孩子当场呕吐和哭闹。生活老师及时批评了生事的孩子,并将受欺负的孩子送到医务室诊疗,同时告知了班主任。班主任分别联系了两个孩子的家长说明原委,那个调皮生事的孩子家长打电话向受欺负的孩子家长道歉,受欺负的孩子家长大气地说"孩子在学校闹腾点儿事很正常,不要介意",此事及时得到了化解。到了下午,两个孩子早已忘了中餐的事,又轻轻松松地玩在一起了。

  类似的另一件小事,却让学校领导花费了大量精力。一个孩子刚弯下腰,另一个孩子从后面撞了上来,将弯着腰的孩子撞到墙上,虽然被撞的孩子头上有一道明显痕印,但在场的教师看着问题不大,就安抚了一下受伤的孩子,也没多了解情况,更没有告知班主任。待这个孩子回家后,家长发现头上有伤痕,问孩子怎么回事、被谁欺负的,孩子讲不明白,于是家长打电话问班主任,班主任也说不知此事。很自然,家长觉得孩子在学校被欺负了连教师也不知道,人身安全没保障,就直奔学校,要求查看监控;但学校教室内的监控,上课时间没有启用;后来,事情虽然弄明白了,但家长的情绪一时难以控制,后经多次沟通,总算平息了事态。

  假如这位家长将抱怨发到微信群里,如果这个班级的内部管理确实存在某些明显的不足,或者班主任不擅长与家长沟通,一位家长的抱怨会引来更多家长的参与,共同数落教师、学校的不是,激烈的声讨会随即在微信群里展开。如果舆情没有得到及时控制和疏导,第二天可能会有家长联名要求学校领导答复或聚众到学校讨说法。类似的由于"将一件小事当作无事搁置而引发大事"的案例,在学校日常管理中时有出现。

复杂的事要慢处置,习惯于逻辑和求真的思维,会导致某项事情迅速升格为事件,甚至恶化成群体性事件

  学校发展过程中,总会出现这样那样的复杂事项,有些是学校内部引发的,有些是社会变革、政策变化或上级某项决策导致的。如果只从逻辑层面讲道理、作"绝不妥协的斗争",反而会"越理论越混乱""越斗争越深陷其中"。解决这类问题更需要学校管理层有设计感、故事力、共情力等高情感能力,只依靠理性思维是远远不够的。

  14年前,我从浙江省教育厅教研室副主任岗位调到某知名中学任书记,第二年转任校长,这所学校被改制为"国有民办"学校。根据省发改委发布的文件,当年从本校初中升入高中的学生要按民办政策收费,当学校执行这一文件的收费标准时,引发了"地震"。几百名高中新生家长聚集到学校抗议,后经省教育厅协调,学校被迫放弃当年执行收费政策。随后,初中招生时告知家长,初中升入高中时要按民办政策收费,并让每个家长都签了字。即便如此,3年后的收费调整也引发了家长的抗议,幸亏当时有理有据,并与家长作了充分的沟通,终于实现了按民办政策收费,学校也得到了很大的发展。再后来,省教育厅决定,学校不再按民办机制运作,学生恢复公办收费,这本来是一件大好事,但家长还是因怀疑学校经费不足、教师待遇降低、教学质量下降而到省政府上访,也引发了群体性事件。

以上家校冲突的原因是多方面的,有政策解读或宣传不够、某个决策出台过于草率、对未来教育形势变化的判断有误等外部原因,还有一个原因,就是学校很自负地认为这是执行上级文件,有政策依据、法律依据,加上学校自身是名校而"牛气十足",从而对舆情把握不准、形势判断有误,也没有主动以高情感能力精心构建联络家长、解读政策、逐个沟通等工作机制和预案。因此,处理复杂事务时,放慢节奏,充分与家长沟通,以更加温和的方式推进工作,是在"复杂的政策变化"中维持家校和谐、保证学校稳定的关键要素。

某班级有个孩子总是习惯于以各种意外的方式推搡同学,导致别的孩子受到惊吓。该班全体家长联名向学校反映,认为这是典型的欺凌事件,学校必须让这个孩子离开班级、离开学校,否则要公诸媒体;而这个孩子的家长认为,上学是孩子的基本权利,孩子有行为问题学校要给予特别关照,不能把孩子推到校外了事。

这是一个非常典型的复杂事件,而且每年在新招收的学生中都有类似的孩子,双方家长讲的都在理:上学是孩子的基本权利,不能因为孩子有问题就不让孩子上学;安全是孩子在学校生活的基本保障,绝不允许欺凌行为发生在每个孩子身上。改变那个孩子的行为偏差,不是一件简单的事;但不让那个孩子上学,学校又违法,学校被逼到"两难境地",别无选择,唯有寻找既让那个孩子上学又不让那个孩子伤害别的孩子的两全办法,同时要对那个孩子采取各种办法进行纠偏。显然,这是一项复杂的工作，靠论理、争议、表决都难以奏效，这就涉及学校管理的全新思维，因为依靠逻辑和求真的常态思维与行为方式是无法化解这一冲突的。

家校关系的"风口"通常在公共事务管理方面，完善学校公共事务管理体系，提升教职工处置公共事务的能力尤为重要

学校管理的日常运营机制，最初级的通常有两层。

第一层是"私人"部分，靠每个人的劳动完成相应的事务，主要有课堂教学和班级管理两个方面。课堂教学由教师在班级进行"独立"操作，完成学科知识传授和学科能力训练任务。班级管理则由班主任主持，对本班级学生在课余时间进行"独立"教育，班主任还要完成学科教育之外的关于活动、生活等方面的管理事务。总体来说，学校在这一层面的设计通常是比较精致的。

第二层是公共部分，需要全体教职工一起完成。防范校园欺凌事件，校园安全意外事故处置，公共卫生管理如"对学生饭前便后洗手"的教育和全面督促，包括到校、请假以及每个学生身体排查的晨检，开关门窗通风和值日，校门口的值班，课外自由活动时操场的管理，卫生间的手纸和洗手液的管理，及时开关走廊及公共场所的路灯，教室、办公室随手关灯、关门一事的落实，教室包括公共教室、办公室、公共区域损坏设备设施的报修，学生餐饮纪律管理和对餐厅工作的援助，急病学生的紧急送医，家校沟通的日常事务和家校冲突事件的信息报送以及解决办法研制和具体实施，周末大扫除和全校消毒事务，校内教师教育的系统安排和教师外出培训活动管理，校园网的管理和新闻发布，阅览室、实验室等教辅部门以及学籍管理、健康档案建立等，需要与教育教学管理部门的对接，学校接待来宾或安排大型会议，外事接待和外教日常工作的监督、沟通和服务，招生工作和学校特别宣传事项，周末家长会加班……相比学科教学和班主任工作，这些公共事务的安排是相当复杂和琐碎的，而这一层面的日常运营机制的设计，恰恰是学校管理的软肋所在。

撇开个别无理取闹的家长以及无法抗拒的突发事件，引发家校关系出

现"风口"的缘由通常是学校内部管理不够精细甚至出现了混乱,关键的事例常常发生在公共事务层面。学校管理中最极端和最纯粹的公共管理事务存在着这样那样的问题,这是当前一些学校管理失误的诱因所在。特别要关注最宽泛的公共管理地带的事务,以及对公共层面和私人层面所创造的不同混合交错的事务的梳理,这是促使学校管理走向成熟的应有行动,也是规避家校关系产生"风口"的关键所在。

建构家校共治体系,在信任基础上建立"患难与共"的谅解机制,这是家校融洽相处的有效手段

杜威曾说过:教育的目的在于能够让人继续教育自己。离开了自我教育,外在的教育做得再多也是低效甚至是无效的,家庭教育只有与学校教育形成"合金",才能引发教育的内化,激发自我教育的力量。

这就需要引入主动的家校共治体系,用学校的教育价值观抵挡由家长群自发产生的价值主张。家校共治的最大成本在于家长的感知,需要学校借用互联网向家长传播富有教育内涵的教育主张。传播的本质就是沟通,在信息越来越碎片化的时代,学校里每天发生的故事都可以成为家长微信群议论的热点,如果没有把握好学校教育的好故事、好话题,在价值传递中没有坚持学校教育的品质塑造,也没有积极主动引领家庭教育朝着正确方向进步,家校共治体系的建设将成为一句空话。

例如,当几千人规模的学校突然出现学生在某一瞬间暴发呕吐、发烧、腹泻等群发疾病时,学校要及时向食药和防疫部门报告并申请专业部门的援助;当专业判定结果出来时,学校要及时向家长代表报告。只要信息通畅,学校处理措施得力,家长也会很快从抱怨中进入援助行列,从而形成"患难与共"的谅解机制。反之,如果学校躲避家长责问,含糊其辞,推卸责任,很可能会引发家长的抗议,场面会变得不可收拾。

站在互联网"风口"的家校关系,尽管有着随时被吹上云端的风险,但学校管理者如果能够机智地将家长族群当成学校成员的组成部分,而不是作为学校工作的对立面,并懂得与家长合作,关注舆情,剖析风险,并

积极主动应对各种变化,家长和学校的关系一定能够跨越"风口",创造家校融洽的一个个美丽的故事。

(作者注:本文列举的案例,不都是作者身边发生的事,涉及的细节并未完全核实,并不都符合客观事实,读者请勿对号入座。作者系北京外国语大学校长助理、北京市北外附属外国语学校校长)

(文章原刊于《人民教育》2017年第08期)

网格化管理：提升学校危机事件处置能力

邓加富

浙江省青田县是著名的侨乡，全县近半人口侨居海外，他们的孩子则多半留在国内，跟随祖父母一起生活。这些孩子与自己的父母每年只能见面一两次，有的甚至几年才见一次面。短暂的亲子相处，根本无法满足孩子在成长过程中的亲情需求。

隔代教育的盛行，家庭教育、亲情教育的缺失，引发了学生不安心读书、心态不健康、言行轻率等诸多问题，增加了学校的风险点。校园人群密集，学生年龄又小，自身防护能力差，在校活动时间长，都使学校危机呈频发性可能。破解学校风险危机，需要家长和全社会密切配合，更需要学校运用网格化管理模式——将管理区域和在校学生按照一定的潜在危机程度划分成单元网格，通过加强对单元网格不同程度的跟踪、巡查，形成一整套应对学校危机的管理系统。

预警工作前置，往往会收到意想不到的效果

引发学校危机的原因是多方面的，定向思维下的管理模式，想当然的管理手段，"头痛医头"的管理措施，法治意识淡薄的管理者，都能引发学校危机的滋生、爆发，而缺乏风险预警意识，更是众多危机频发的主要原因。

一天，学生 A 报告班主任张老师，说学生 F 买了一把锋利的水果刀。A

是F的同桌,也是F唯一的朋友,更是班主任安排的"内线"。为什么要给F安排"内线"呢?因为该生在新生报到时就给班主任留下了不一样的感觉:不阳光、不积极、不多言,很忧郁。张老师通过深入家访了解到,F是独生子,父母对其期望值很高。他在初中时成绩优秀,由于家长盲目"跟风",将他送到市外"名校"就读。换了几所学校的F,成绩下滑严重,最后转到青田中学。频繁转学,越来越差的成绩,使F对前途失去了信心,对父母有了很大的成见。张老师与F进行多次谈心了解到,原来F私自购买水果刀,是想通过自残这种极端方式"报复"父母。

如果班主任老师没有敏锐的洞察力,没有细致的家访活动,没有安排得力的"内线"暗中关注F,其自残行为一旦在校园发生,后果将不堪设想。杜绝这种危机,事前的风险预警是前提,有力的干预是手段。在学校主导危机防范的前提下,发动学生、家长、教师横向到边、纵向到底,大家一起参与防范,学校危机的风险源就能最大限度地减少。

学校通过预警分类,重点关注7类学生:经济困难家庭的学生,学习困难的学生,思想、学业上有重大变化的学生,留守学生或单亲家庭学生,随迁子女家庭学生,残疾学生,突发重大变故家庭的学生。并针对不同学生分别制定相应的帮扶政策,力求实行精准帮扶。

收集学生关系网,遏制危机事件扩大

信息时代,学校教育和管理更加开放、透明,学校与家庭、家庭与社会的联系和互动也更加直观。有效地借势、借力形成育人合力,能在处理、应对学校危机时做到得心应手、游刃有余。

上午放学铃声响起,饥肠辘辘的老师和学生赶到学校食堂就餐。因为就餐时间比较集中,食堂窗口前排起了长长的队伍,拥挤的食堂显得闷热。于是,后到的学生C顺势到教工餐厅窗口前去打饭,与刚上完课前来打饭的老师发生了口角,一时争执不下。一位老师把这一场景拍下来,发到了微信朋友圈,这位老师有一位微信好友正是该学生家长的朋友。家长知道了,赶到学校询问事发经过,学生的哭诉,让原本心有不快的家长更加生气，认为老师侵犯了孩子的肖像权、隐私权，给孩子带来了巨大的心理压力，要求老师赔礼道歉，否则要上告法院。

家长提出的解决意见，当事老师拒不接受，"皮球"踢到了学校管理层。学校没有急于给事件的是非下结论，而是寻找双方都能接受的妥协点。教师方面，我们要求删除发布在微信朋友圈的消息，正视自己的错误所在。学生方面，找到学生最好的朋友帮助劝解。家长方面，学校联系家长所在村的干部，请他们出面协调。事情最终得到妥善处理。老师、学生、家长都坦承了自己的不足，校园恢复了往日的平静。

这件看似简单、实则棘手的危机，取得了理想的处置效果，得益于学校采用了务实的应急举措。这个举措的核心，是学校抓住大家访、家长会、家长开放日、家长学校等时机，建立健全了学生"关系网档案"。这张关系网能在突发事件的第一时间帮助学校形成合力，内外协调，从而从容应对，顺利解决危机。

积累应变经验，从危机中找到转机

学校危机具有潜伏性、突发性、多发性和反复性的特点。追寻危机产生的规律，不能急于求成，也没有一成不变的办法，需要积累各种应变经验。尤其需要耐心剖析危机产生的根源，选择最佳的危机处置办法。事实上，有些危机经常伴随各种转机，如果处理得当，能够有效预防类似危机的再次发生。

有一段时间，学校的门卫管理比较松懈。门卫过于随意，跟他们熟的人放进来，不熟的人则挡在外面。一个周末，学生家长开车来接孩子，有的家长车开进来了，有的家长被挡在门口。被挡的家长不乐意，大声质问门卫，差点大打出手。学校对双方进行了和风细雨式的调解，向家长介绍了校门管理制度，请家长民主监督。同时，批评了门卫不遵守学校规章的行为。家长道了歉，门卫得到了专门教育。此后，大家日常的进出都自觉遵守相关制度，学校的门卫工作受到家长、学生和教职工的一致认可。

危机一旦出现，学校管理者和教育者都要迅速介入，第一时间掌握处理危机的主导权。要迅速摸清危机的性质，分清危机的责任主次，稳定当事人情绪，遵循"内紧外松、正面引导"的原则，依照法律有针对性地采取相应策略。要善于从危机中寻找契机，变危机为转机。危机处理要以维护学生利益为出发点，着眼学生的身心健康和学校稳定。学校根据各处室的责任分工，给予相应的人力、物力、财力保障。必要时要借助有关部门和社会力量，协助危机事件的处理，最大限度减少危机的负面影响。

此外，我们也真切感受到家校互动的积极意义。有很多突发性小危机，通过家校的积极互动就能轻易解决。在家校互动的诸多活动中，"全员参与、全生覆盖、全程跟踪"的进家入户式大家访活动，已成为我们创设校园良好教育生态的有力推手，促进学校教育和家庭教育良性互动的不竭动力，稳妥处置学校危机的软实力。

（作者系浙江省青田中学校长，青田县教育局副局长）

（文章原刊于《人民教育》2017年第08期）

辑九

教育公平：校长的情怀与担当

尊重文化多样性是教育集团治理的基础

管　杰　李金栋　王志清　黄　京

文化是教育集团的核心竞争力，是集团化办学的生命力所在。集团化办学要建立文化实现机制，以文化实现集团治理。但教育集团规模大、成员多，有多种文化因子并存，集团文化建设的能力和策略要求很高，实践操作的艺术性要求也很高。

北京市第十八中学教育集团在构建集团化办学的文化实现机制方面进行了积极的探索，秉承"聚·宽教育"理念，坚持集团成员平等参与、各美其美、美美与共的原则，以开放的姿态包容集团文化的多元性，以"自组织"与"他组织"协同发展为保障，以传承、发展多样性文化课程为媒介，在多元文化的生态性碰撞中不断创新，探索出一条集团化办学文化实现机制的全新路径。

建构平等、包容的集团文化

目前，集团由5个校区组成，每个校区处在城市化发展不同阶段的社区，加上不同的办学历史和学段特性，形成了各具特色的学校文化，包括方庄校区（原北京市第十八中学）的"幸福教育"、左安门校区（原左安门中学）的"进取教育"、西马金润校区（原角门中学）的"全人教育"、附属实验小学（原芳星园一小）的"全星教育"以及嘉泰学校（原北京第一实验小学彩虹分校)的"孝悌教育"。

面对多种文化因子,如果简单地以某个校区的文化作为集团文化进行"单向复制和输出",显然是一种"摊大饼"的强势兼并式发展,存在较大弊端。首先,不利于文化自信的建设。这种文化同质化的过程会使得"被兼并"学校师生不仅对自身文化失去信心,而且会对外来文化因陌生而感到无所适从,容易产生或明或暗的文化冲突。其次,不利于文化生态的建设。这种发展模式会导致成员校办学特色不鲜明,容易导致集团文化"单一"或"同质化"弊端,导致集团缺乏多元文化的生态性碰撞而失去办学活力。最后,不利于文化边界的扩大。单一的学校文化,视野毕竟有限,难以适应大规模教育集团发展,势必会形成教育集团发展的"天花板",从而制约集团的深化发展。

基于这样的认识,我们决定建设适应规模化发展的集团文化。首先,对集团成员校的文化进行了全面认真的分析、提炼和整合,吸取各自的精华。其次,从中华传统文化中吸取营养,弘扬《易经》中"君子学以聚之,问以辩之,宽以居之,仁以行之"的精神,吸取了《学记》的"敬业乐群""论学取友""离经辨志"思想。最后,结合北京"四个中心"定位和丰台区集群教育改革实验任务要求,"群贤毕至,少长咸集",提炼出集团"聚·宽教育"办学理念和"聚学问辩,居宽行仁"的校训,追求"以资源丰富的平台、宽广的锻炼舞台、贯通的学习台阶,聚焦核心素养,为每个孩子在18岁之前打下健康身体的底子、健全人格的底子、宽厚文化的底子、强大精神的底子,使学生毕业走出校门后真正能够利己达人、创造幸福"。

共同生成的集团文化价值成为集团发展的新起点,得到了各个办学主体的认同,成为集团成员密切联系的纽带,有效避免了价值冲突和行为紊乱,增强了集团的凝聚力,为集团的健康发展奠定了坚实的文化基础。

孵育开放的集团自组织文化

一个健康的教育集团,不仅有合理的科层组织,而且有发达的自发性组织。职能处室等科层组织作为一种"他组织",行使教育的管理职能,保证集团教育教学的有序运行。教职工依据兴趣等形成的多种多样自发性组织,作为一种"自组织"发挥着文化融合、文化创新的作用,不断为集团组织输送新鲜血液,保障着集团组织的健康。"他组织"与"自组织"相互促进,形成"刚柔并济"的集团组织文化,从而保证集团文化实现的效能和效率,成为集团充满活力、创新发展的关键。

因此,在集团文化实现机制建设过程中,我们从文化自觉的高度着力孵育"自组织"文化。在"聚·宽教育"理念中,"聚"的一面强调尊重集团主体文化,以"聚·宽教育"理念引领集团文化建设,以集团代表大会"聚"教职工、学生和家长的"民意",强化集团多元主体共同治理的力度;"宽"的一面强调尊重各种校园文化,意在为各种各样"自组织"提供宽广的舞台,促进集团文化的广泛创新,以此拓宽集团的文化视野,为学生、教师的成长创造一种和谐的文化环境。

为了培育集团"自组织"文化,近年来,我们变"校本培训"为"校本研修",打破校区、学段和学科的界限,使教师自主组合形成主题聚焦的合作研修小组。这种小组具有教师专业发展共同体的性质和功能,是一种"自组织"。集团通过引导这种"自组织"性质的研修小组文化建设,激发了教师专业成长的内在诉求,唤醒了教师职业生命中的专业意识、教育意识、生命意识,激发了教师发展的潜能,促进了教师专业的可持续发展。

如2017年集团的"校本研修",以教育教学诊断结果为依据,确定了10个主题的研修论坛,整个集团360多位教师自主选择,网上报名,自助式研修。这种研修方式不仅使教师真正成为研修主体,充分调动了教师研修的积极性、主动性和创造性,提高了教师研修的内在动力,而且使教师依据自身面临的教育教学问题组成了专业性学习组织。这样的自组织活动实现了研修内容与研修需求的灵活对接、协调互动,使历时一个学年的研修过程亮点纷呈,精彩不断。

完善传承性集团课程文化

聚焦学生核心素养发展，集团加强教师专业核心素养和组织核心能力的培育，从三个维度推进集团课程建设。第一个维度是生命个体文化过程的需求，即从学生的发展需求出发；第二个维度是集团的育人目标，即培养"健康的体、温暖的心、智慧的脑、勇敢的行"的青少年为目标；第三个维度为文化传承的要求，即履行民族文化、地域文化和社区文化传承的使命，全面整合国家课程、地方课程，多层次、多角度开发校本课程，即通过横向贯通开发、纵向衔接开发、纵横融通开发以及教育技术推进等方式，形成了集团十二年一贯制、德育体育美育与智育协调发展的"聚·宽教育"课程体系。

为最大限度满足学生全面而有个性化发展的需求，集团创建了"三走制"课程实施模式，即在集团内校区间的走校制、校区内年级间和班级间的走班制、班级内小组间的走位制。这也是"聚·宽"学习模式，即在社会成功人士和教师的指导下，学生"聚焦"于自己的人生理想和职业规划制订学业计划，在集团内外"宽广"的学习天地中，依据自己的学习计划有组织地选择课程学习内容，走校、走班、走位上课。

精心呵护、建设集团文化生态

每个生命主体的自我成长过程就是一个文化传承和创新的过程，既不可替代更不可简单重复。教育以协助每个人文化自觉为使命，从而实现文化的传承与创新。因此，集团化办学的治理艺术标志着文化自觉层次。我们积极营造文化氛围，涵养文化生态。

保护文化的多样性是呵护集团文化生态的根基，更是满足学生个性化需求的基础。以学习者为中心组织教育教学是实现多样性文化传承效能和效率的有效路径。这是历史赋予我们的责任和时代赋予我们的使命，也是我们集团化办学过程中面临的重任。

正是这样的使命感，促使我们积极创造条件，营造整体的、和谐的集团教育生态环境，鼓励良性竞争、互相学习、共同发展，让集团的每个文化因子都能在自己适应的"生态位"上和谐发展、自由生长，呈现百花齐放的状态。

在集团文化建设过程中，我们从内外两个方面对集团文化进行了生态建设。

在集团的内环境建设方面，我们采取了以下两条措施：

一是确立集团成员的平等文化身份。刚融入集团的成员校，由于种种原因，难免缺乏身份上的平等心态。名正才能言顺，集团首先进行了"正名"，成员校称为"校区"，而不称"本部"或"总部"、"分校"或"分部"，确立并强化每所成员校的平等身份。

二是坚持集团的多法人共同治理制。为了充分发挥成员校的办学积极性，我们采取了多法人代表的治理模式，各治理主体共同遵守《北京市第十八中学教育集团章程》，既有集团统一的项目运行机制，又有成员校独立的项目运行团队；既有集团统一的标准、原则、基本要求和愿景追求，同时也允许不同校区、不同项目团队有不同的思想、内容与方略。集团与成员校权责分明，形成了集团集中与成员校分权的辩证统一。

在集团的外环境建设方面，我们的做法是：

一是动员社区力量参与集团事务。不仅社区居民有参与创造优质教育过程的权利，而且是集团"聚·宽"发展的机会——聚力、聚智、聚资，也是拓宽发展空间的机遇。如北京市第十八中学教育集团"人民调解委员会"，由集团所在社区的法庭、派出所、司法所、消防队、律师事务所、居委会、学校等多方面的代表组成，负责集团教育纠纷的调解工作，并提供相应的法制培训工作，有效维持了正常的教学秩序，构建了和谐的教育环境，最大限度地降低了学校治理的失误。

二是建设学习型社区文化圈。我们以方庄书院等为纽带，围绕打造"一刻钟学习圈"，加强集团与社区互动，建设"社区支持教育、教育辐射社区"的生态文化圈，这是优化外部环境的重要措施。集团在向各个居委会开放网络学习资源的基础上，经常派教师到社区学校、老年学校进行社区培训,同时邀请社区内的成功人士和名人到学校开设讲座与校本课程,面向社区举办校园开放周,与社区联合举行文化活动等,形成了社区理解教育、关心教育、终身教育的良好氛围。

积极涵养集团成员校文化基因

集团化办学规模过大,必然会带来一定的弊端,一个教育集团不可能无限制接纳新成员。所以,当一个集团成员校发展起来后,必然要及时重组"新家庭"(教育集团),以带动其他薄弱学校发展。同时,当一所学校在教育集团内的"发展红利"降低到接近零的时候,在集团内继续存在下去已无必要,也要及时退出集团独立发展,以便集团能够吸收、带动其他薄弱学校发展。

如果在集团纳新之初不注意涵养成员校的文化基因,那么成员校退出集团后就会缺乏强劲的发展能力,甚至会出现退不出去的情况,使集团难以及时"瘦身"。所以,教育集团必须涵养成员校的文化基因,保护成员校文化的独特性、文化种类和层次的多样化,保护成员校在集团化发展中的自身特色。

如在接收芳星园小学为北京市第十八中学教育集团附属实验小学的过程中,我们注意到了芳星园小学成熟的"全星教育"文化,即以每个人的身心健康、全面发展为旨归,具体分解为"星之德""星之智""星之体""星之美""星之动"五个方面。在实践中,以"立德星""启智星""健体星""尚美星""欣动星"为形式。芳星园小学在融入教育集团时,我们将"全星教育"文化与集团"聚·宽教育"文化进行了有效的衔接,成为集团文化中的一个校区特色文化。这样就使集团文化更多元、更有层次,更容易激发文化的内在生命力。

当然,我们强调涵养集团成员校的文化基因,尊重、包容多样性,并不意味着推崇价值个体主义。各个利益群体自说自话、冲突对立、毫不妥协,不是我们所追求的。

集团化办学承载着更多的历史责任和时代使命,要力戒"规模不经济"，力争"规模效益"；力戒"众智成愚"，力争"各美其美"。不能单靠行政命令推进，要尊重文化规律和教育规律，更要顺应时代潮流，切实从行政管理转向社会治理。要从教育集团的实际出发，在调查研究的基础上，依据集团发展需要建立能力模型，着力于集团治理能力的建设，探索建立一种适合自己发展的文化实现机制。

（作者单位系北京市第十八中学教育集团）

（文章原刊于《人民教育》2017年第10期）

要鼓励集团内学校个性发展

汪培新

近年来,浙江省杭州市学军小学积极参与政府倡导的"让每一个孩子在家门口享受优质教育"的行动,创办新校区,与农村薄弱学校建立紧密型教育共同体,积极投身区域教育统筹均衡发展,取得了明显成效,形成了"一所学校,三个校区,一个共同体"的架构。

学军小学下属3个校区,一个是老的学军小学,另外两个分别是2008年和2014年开办的新校区,3个校区一个法人。一个共同体是学军小学与农村转塘小学(一个独立的法人单位,目前由我担任法人)的合作,由学军小学派出6—8人管理团队到转塘小学工作,学军小学校长室成员到转塘小学兼任校长,上级行政部门对两所学校实行捆绑式考核,命名为紧密型教育共同体。

这两种形态都是为了借助名校品牌和治校理念解决教育均衡发展问题。第一种形态主要是促进新办学校快速成长;第二种形态是提升薄弱学校的办学品质。这两种办学形态在治理方式和有效突破点上有相同之处,也有不同之处。

学校走向多校区办学以后,办学半径不断扩大,覆盖到杭州市西湖区的城市和农村。经过几年的努力,学军小学实现了校区之间的高位均衡发展,也有力地推动了农村学校的转型升级。转塘地区的老百姓对小学教育的满意度不断提升,原来流出的孩子纷纷回流。当然,集团化背景下的多校区治理与原来一所学校的管理有相同的地方，也存在一定的差异，对学校治理也提出了新的挑战。

学校要主动在区域统筹教育均衡中寻求发展

集团化办学是我国基础教育发展的阶段产物，其目的主要是统筹教育的均衡发展。办好自己的一所学校固然重要，但作为优质学校应该响应政府号召，回应百姓的需求，积极投入推动区域教育高品质发展的战略部署中来。在这个过程中，学校要充分领会上级行政部门的战略意图，要有承担责任和履行使命的担当，实现上下同欲；同时，要在校内统一全体教师的思想，形成更大范围追求教育价值的向往，实现左右同心。

学军小学在多校区办学过程中，形成了"让更多的孩子在家门口接受优质学军教育"的愿景，与转塘小学合作过程中，形成了"互融、共荣"的双品牌发展合作愿景。有了共同愿景的感召，一些管理中的难点就能够有效得以化解。

各地政府都规定义务教育阶段的教师在一所学校任职到一定时间要交流，教师的职称晋升要有校际交流和农村工作经历，这些政策都是为了发挥骨干教师更大的作用，实现资源更加公平的布局，推进教育均衡发展。

在多校区办学过程中，我们利用学校多点布局，开展农村与城市的合作，实现更有计划、更有质量的教师交流，真正发挥骨干教师在交流过程中的团队作用，实现名校资源大家共享。

我们对学校原有的教师结构进行认真分析，对学科组教师的个性特长进行深入研究，制订多校区办学背景下的教师培养规划，充分利用不同教师的特点，对原来一所学校的教师重新安排，尤其是对骨干教师进行分流，让骨干教师到各校区承担更大的责任，发挥骨干教师引领和培养青年教师的作用。

这给学校教师结构的科学化带来调整空间，同时也给广大教师提供了更大的舞台去实践自己的理想。从教师的年龄结构、性别比例、骨干层次、个性专长、支教需求等方面，优化每一个校区内的教师结构，使得整个教师队伍具有更好的生长性。

科学合理优化校区的师资结构是师资队伍成长最重要的基础。如果结构性好,结构本身就会具有生长力。这样,名校在派出师资、输出品牌、输出管理的同时,也有利于促进母体学校的科学发展。

集团化办学并不是简单复制品牌学校的一种办学模式

不论是名校办新校,还是名校与薄弱校建立共同体,都不是一所学校"领导"另一所学校,而是各校区或学校在统一的价值引领下,能够平等而自由地发展。

在办新校过程中,要尊重校区的规模、地理位置、学校文化等。在合作过程中,尤其要尊重学校的历史,尊重学校发展的主体地位。我认为,合作的重要基础是"两情相悦的情感基础"。我们在推动集团化办学过程中,实施的是统一领导下的差异和谐发展。

学校在多校区集团化办学过程中,首先应该有统一标识架构,科学合理地对外定位学校,同时方便学校内部的协调管理,此举还可以强化一所学校的归属感。一个集团或一所学校不论有多少校区,校区之间、学校之间是平等的,没有总校与分校之分,没有本部与分部之别,都应该是享有平等权利的发展主体。同是学军小学的教师,只是在不同地点工作,其他身份都没有变化。在办学过程中,我们贯彻统一的办学理念,执行统一的规章制度,坚持统一的质量标准,执行统一的学校计划。

其次是要培育学校共同的价值观。名校与一般学校之间的根本差别,不是升学率,不是硬件,而是学校的价值追求。有思想和灵魂是学校发展的核心。集团化办学成功的重要因素是要坚持各学校共同的价值追求,这个价值包含了"我们办怎样的教育"和"我们做怎样的教师"两个方面。不论学校地处哪里,不论办学时间长短,有一点始终不会改变,那就是我们要提供适合孩子、满足孩子成长需要的教育,学校应该围绕这个核心培育价值文化。

为此,我们建立了统一的校本培训系统,全校申报统一的核心研究课题。比如，各校区都围绕学校"个性化、现代化、国际化"的办学方向，大力推动基于儿童文化的个性化教育，开展"童心教育"的研究。这样，大家都围绕童心教育在不同校区开展丰富的实践，校内的话语体系是一致的，从而保证各校区价值追求的一致性。

集团化办学要在原来分管校长管好一条线的基础上，进一步强化学校线和面的工作协调，按照每位校级领导"分管一条线，联系一个面"的思路开展工作，实现线和面的统一，强化"线要到底，面要到边"，保证分工负责，实现统一决策。

对于校区内涉及每条线上的工作要向校区领导汇报，校长室统一决策。各校区之间要强调校区合作，不作过多的比较。对于各校区的生均经费情况实行相对独立预算管理，学校统一协调。比如，我们把80%的经费落到校区，由校区内部协调使用，20%的经费由整个学校统筹。这20%的经费主要根据每个阶段校区发展的需要，由学校校务会议研究年度经费投到哪个校区、实施什么项目。这样可以使有限的经费在一个阶段集中起来办大的项目，这对学校的整体发展是有好处的。

为了更好地落实这样的领导和管理，学校要建立完善的制度，要有完善的学校会议系统。比如，每周一次的校务会，每两周一次的校级行政会，每周一次的校区行政会以及全校教职员工会议和校区教职员工会议等，都要有畅通的渠道进行协调。

鼓励集团内学校（校区）个性化发展

在统一领导的基础上，要鼓励集团内学校（校区）个性化发展，允许办学差异。比如，各校区特色项目的设定就需要差异化，不要完全一致。我们在求智校区组建了民乐团，培育民乐特色；紫金港校区组建了管乐团，培育管乐特色。

校区办学时间长短不同，社会对各校区的接受度也不一样。我们用阶段性目标定位引导学校发展，比如2008年开始新办紫金港校区的时候，就对求智校区和紫金港校区分别明确了阶段目标，要求求智校区保持原有的优势发展地位，要求紫金港校区尽快形成自己的社会影响力。

在这样的阶段目标引领下，各校区的阶段工作重点和办学侧重也会有所不同。为此，要落实集团领导层和下属学校（校区）领导层的责权问题，要实施统一领导下多学校（校区）差异和谐发展，就是要把握这个治理结构。

我们认识到，如果集团领导层过于强制会强化统一性，影响各校区的个性化发展；集团领导层过于放手，就会凸显校区间的差异性，但集团的统一价值很难形成。这个过程中，各学校需要互动，大家各有侧重，集团领导层要重点抓教师团队的价值观念；校区管理团队主要抓好学生成长的教育内容，即具体的项目实施和日常管理。

集团化办学过程中要做到资源共享。物质资源做到独立建账，分校管理，统一调度。人力资源则要相对独立，适当流动。时间资源相对统一，灵活机动。同时，要利用校园网等信息化手段实现信息快速传递与共享。

学校最高管理层尤其要重视的是，校区之间一定会存在竞争，校区之间的合作互动需要学校倡导，要从制度层面和氛围层面多举措推进。例如，各校区参加上级比赛，在同一个项目中，如果前面的奖次有自己的校区，后面校区的奖次自然提升一名。举例来说，两个校区一个是第一名，另一个是第二名，作为学校都认定为第一名，如有物质奖励，也都按第一名的标准奖励。这样的制度设计就是为了让集团内部学校团结互助、协同进步、互动共生。又如，校区之间基础设施设备都是一样的，但有些设备添置会有差异，我们利用网络让大家了解对方校区的设施设备，以方便各校区共享借用。再如，在教师培养方面，高端名师引领要涉及各校区，我们在各校区建立了学校名师工作室，以便让所有教师分享名优教师的智慧。

学校的发展是有自身规律的，依赖教师和学生综合素养的协调发展，依赖家长和社区的协同配合。办校过程中，要充分把握这一规律，在推进学校规模发展过程中做到有准备，而且要做到边发展、边培养的统一。学军小学依靠学校原有的120名教师团队作为基础，每年增加6—7个班级，逐步推动学校规模发展，使得学校教师数量的增加在学校校本培训可控范围之内，保证教师的教育教学水平在原有学军小学标准下不降低，从而实现教育教学质量在规模发展的同时得到进一步的保证与提高。对于一所学校，师资队伍的整体水平直接代表学校的办学水平，而影响师资水平提升的直接因素是管理团队的素质和水平。

管理团队的培育是集团化办学过程中值得研究的问题之一。学校干部的教育领导力强了，学校就强了。必须紧紧抓住学校干部队伍建设不放松，以上率下，带动发展，同时要培养学校各级干部的现场决策力，以便各校区的工作能够及时得以处理，保证有效教育现场发生。

当然，在集团化办学过程中，如何进一步形成与集团化办学相适应的政府管理机制，如经费保障、人事编制、岗位职数以及学校自主办学的空间等，也是我们要进一步深化研究的问题。

（作者系浙江省杭州市学军小学校长）

（文章原刊于《人民教育》2017年第11期）

打破信息不对称

厉佳旭

每到招生分班时节，一些家长会千方百计通过各级领导以及同事、亲友等，托请校长给孩子安排一个好班级或好老师。一位资深校长告诉我："每年一次分班，我要瘦掉好几斤肉，得罪好多位领导、亲友啊。"

家长的择班择师的确会给学校带来一些压力。但在我看来，择班择师现象并非洪水猛兽，相反，对学校乃至教育、社会发展有着很好的促进作用。

首先，家长的择班择师，实际上是基于对教育机会不公和教育资源失衡的忧虑。这种忧虑迫使学校采取更为民主、公开的方式，实现更好的公平和均衡。我校是一所优质初中，一直面临较大的择班压力。近年来，我们每年都依据小升初综合素质评定表，结合学生的毕业学校、户籍、性别等情况实行均衡编班，努力做到各班级学生的综合素养总体均衡。在教师安排方面，也综合考虑年龄、能力、风格、职称、学科等方面的互补情况，实现班班有名优教师、年轻教师和优势学科，做到整体师资均衡。学校还主动把全体教师的职称、特长、风格和主要成就等家长关心的信息，在校园网、宣传栏内予以公布，并在校门口的公示栏内展出名优教师风采。这样既便于家长查询和了解各班级师资，打消不必要的顾虑，又对每位教师进行了积极"推介"和宣传，增强家长对教师和班级的信心。

其次，家长的择班和择师，客观上也是对优质教育的一种追求和推动，有利于学校和教师增强服务意识，提高服务标准和质量。许多家长为什要选择进某个老师的班级，却不愿意进另一个老师的班级？一部分原因是家长不了解情况或者观念有偏差，但更多的是客观存在的教师个体之间的能力和素养上的差异。

我们在学生、家长和教师中举行了"好教师"标准大讨论，拟定了《立人中学好教师标准》，并以此为依据，每学期都在家长和学生中开展评教评师活动，引导每个教师努力做"让学生喜欢、让家长放心的好老师"。每年11月是学校的家长开放月，我们邀请家长到校听课巡课，切身感受自己孩子班级的班风学风以及任课教师的风采。把各部门的工作职责以及学校领导的电话和邮箱在校门口常年公开，欢迎家长多提出意见和建议，帮助学校和教师提高教育服务水平。

有位家长，曾委托一位领导向学校打招呼，学校没有答应他，而是把孩子安排进了一个年轻班主任的班级。他一开始不满意，但一学期后，就对孩子的班级和科任教师赞不绝口。

另外，我想说的是，对于家长的择班择师要求，我们不能一味迎合，以免破坏了教育公平，但也不能简单否定，粗暴拒绝。我们应当换位思考，充分理解家长的心情，在不影响公平的前提下，努力满足家长的合理愿望。比如，有的孩子如果英语较差，家长想要放进英语教师强一点的或者英语教师担任班主任的班级；有的孩子比较调皮，希望放进班主任严格一点的班级；有的孩子比较胆小拘谨，希望放进活泼温和的女教师任班主任的班级……我个人认为不仅是可以的，也是应该的。

在越来越重视教育的今天，家长希望自己的孩子受到最好的教育，无可厚非。某种程度上讲，教育既然是一种消费，那么，家长的择班择师恰恰是教育消费主体意识觉醒的一种标志，这也是社会进步的体现。医疗卫生、交通运输以及各类商品都允许消费者有自己的选择权，为什么教育就不可以呢？

有选择，才会有更适切的教育，才会有真正的以人为本、因材施教的教育。在不损害教育公平的前提下，为每个孩子提供更多的可供选择的优质教育，或许恰恰是教育进步的一个标志，因而是教育努力的一个方向。我以为绝对均衡的师资和班级从来都不存在，即使存在，绝对的平均主义也绝不标志着真正的教育公平,更不代表教育的高水平发展。抹杀学生个体基础和个体需求差异的无差别的教育,不是真正的教育公平。那种以为择班择师就破坏教育公平的观点,也需要修正。

(作者系浙江省宁波市镇海区立人中学校长)

(文章原刊于《人民教育》2015年第01期)

化博弈为双赢

叶翠微

一个时期以来,每逢开学前后总有一部分家长忙碌于为孩子择师择班之中。细察此番情景,家长使尽浑身解数,常常是无果而不心甘;学校疲于应对,常常落得个里外不是人;孩子一会儿东一会儿西,也经常被折腾得一头雾水。长此下去,于家长、于学校、于孩子、于教育都会带来太多的内耗抑或内伤,应该引起我们的警觉。

择师择班是怎么来的呢?我以为原因不外有三。就家长而言,望子成龙,望女成凤,人之常情。也正因为这一常情,一方面家长怎么为孩子忙、为孩子搏似乎都不为过;另一方面,在这一文化心境下,"这山望着那山高","有条件"为啥不为孩子争取更好的班级呢?就学校而言,由于师资的资源配置毕竟有限,加上课程的开放度不高,完全由学生自由选师、自由走班尚有一个漫长的过程。由此出现这样一个博弈过程,既是教育的进步,又属教育的无奈,只能以时间换空间。就社会而言,多元价值取向的并存,给了现实很多存在的可能,尤其是功利主义下的"变现"文化、"拼爹"文化、"占坑"文化成为一种潮流,等等。凡此种种,表达的是博弈,折射的是心病,心病还得心药医。

如何共同面对博弈呢?我想有两个关键点。

第一,家长如何办?首先,要回归育儿育女的教育原点,要从谋师谋班走向谋局谋势,"合适的才是最好的"。不盲从,不跟风,不算计,不迷信校园里的"温室效应",让孩子学会在校园中自然成长,学会成长中自然面对,化真实的校园生活为成长的阶梯。正如"梅花香自苦寒来"一样,每个孩子的成长必须历经人生的春夏秋冬,必须历经生活的酸甜苦辣,必须历经成长的喜怒哀乐,要给孩子打这样的成长底子。其次,要有一个平和的心态,自己天然地担负起"第一教师"的职责,不过于"嫁接"对教育的期许。鼓励孩子尊重并喜爱每一个与自己生命有缘的人,要给孩子这份大气。最后,在家长群体的分享中,多观察有正能量的家长,把不必要的躁动平息于自觉的审视与反思中。

第二,学校如何面对?客观地讲,可以有三方面的作为。一是现代学校转型。把适应学生的选择和尊重学生的选择,始终作为学校办学的出发点和落脚点,让选择成为校园的常态。二是现代课程配套。通过创建丰富多彩的课程资源和课程形态,鼓励学生在共同基础上的差异发展,从"之一"走向"唯一",从同质化走向差异化。三是现代管理重建。在尊重学生自由选师的时代诉求中,主动摸索学校管理新机制、新套路,鼓励教师契约精神下的自由走校,鼓励教师高学术化的专业发展,鼓励教师幸福导向中的师生共同生活。

不管怎么说,当下中国教育充满挑战,充满博弈,也充满重建。如何是好?唯有理性,唯有沟通,唯有平和,才能去功利为高远,化博弈为双赢,破纷繁为宁静。教育是有自己的意境的,每个个中之人,家长也好,教师也罢,学生也罢,应该服帖于她。苏轼讲"绚烂之极终归平淡",应是我们把握文化与坚守规律的基点。

(作者系浙江省杭州市第二中学校长)

(文章原刊于《人民教育》2015年第01期)

从"不需选"到"不怕选"

周 婷

从教育资源均衡配置角度看,不需选

很多学校在管理策略中,已尽量做到让学生享用同样的教育资源。一是尽最大可能合理排兵布局。同一班级任课教师互补搭配,以"尺"之长补"寸"之短,努力让同轨班级之间各科教师配备相对均衡。二是统一步调组织相关教育教学活动,校园生活求大同、存小异。如集体备课、互学共研,教学进度统一;如同一年级统一主题、统一流程定期召开家长会,开展亲子活动,开放课堂等。三是畅通沟通渠道。如设置互动平台,让每一位家长都拥有和学校均等的交流机会,以便学校随时关注家长点滴意见,把家长对个别教师的不满消除在萌芽状态;如统一组织上好每学期的"开学前家长第一课",让家长达成共识:经过多年专业学习和训练的教师各有所长,作为家长要充分信任教师。同时,教育是一种特殊服务,不可能完全按照市场规则来操作,教育要关心自身发展,才能更好地适应孩子发展;家长要尊重学校自身运行规律,寻找有益契合点,在义务教育阶段,共同为孩子的合格教育探索有意义的路径。

从提供多元化教育服务角度看，不怕选

一是引导每一位教师追寻教学风格，有尊严地生存。每所学校都承载着公共使命，必然受公众关注，在同一所学校工作的教师，有人被选，有人被抛，这可以成为引导全体教师践行职业尊严的重要资源。对教师队伍的管理，要强化专业反思。对于那些被冷落的教师，更要引领他们深层剖析工作得失，让不利因素成为判断自己的教育教学是否适应儿童发展的内在尺度。在技术层面，要帮扶他们不断丰富教育内涵，揣摩优秀教师教育教学经验，优化自身实践行为；在交往环节，要提醒他们注意通过各种方式，向家长传递自己的教育理解和教学个性，还有对每一个学生无微不至的关爱……提升教师专业水平，形成各自的教学风格，这种个性或风格是多元的，而不是分层的，那么择班择师就不是好坏的选择，而是选适合学生的教师。

二是丰富课程资源，灵活组建班级。学校教育愿景和无数家庭育儿理想总是相生相伴。从理想角度看，教育是一种服务，服务对象应当拥有选择权，学校教育应该尽量满足家长需求就是一种深度服务。作为教育管理者，可以敞开视域，像北京十一学校一样，不妨给教育发展提供一些可能。比如，努力让每个班级和教师都拥有自己的个性或风格，主动为家长提供适合他们孩子成长的基地。再如，让教师充分发挥专业特长，对国家课程或校本课程进行二度开发，选择自己最擅长的专题，走班教学或学生走班选修，让教师扬长避短，让孩子从不同教师身上汲取多种营养。可以尝试建立传统班级、走班教学基础上的行政班级、与个性发展适应的特色班级三者并存的模式。课程实施方式多元了，不仅不怕家长来选，而且还应该鼓励家长来选。

（作者系江苏省南京市汉口路小学校长）

（文章原刊于《人民教育》2015年第01期）

辑十
管理标准时代,校长如何走向专业化

《义务教育学校管理标准（试行）》怎么用

吴颖惠

《义务教育学校管理标准（试行）》（以下简称《管理标准》）颁布以后，引起了教育领域的广泛关注，专家普遍反映其直面义务教育发展中的现实问题，既具有理论引导性，又兼顾了实践的操作性，但同时也对《管理标准》能否科学地实施提出质疑。《管理标准》到底该怎么用，这更是一线校长最关心的话题。我认为，《管理标准》在教育实践中有4个方面的应用。

对学校内涵发展进行"全面体检"

"以学生全面发展为中心"是《管理标准》的基本理念，起草者采用分类、对比、归纳的方法，总结构建出包括"6项管理职责、22条管理任务、92条管理要求"的框架体系，成为规范、监测、约束和评价义务教育学校办学行为的基本准则。

其中，6项管理职责包括：平等对待每位学生、促进学生全面发展、引领教师专业发展、提升教育教学质量、营造和谐安全环境和建设现代学校制度，几乎涵盖了学校内涵发展的各个方面。每项管理职责由若干条细则化的管理任务组成，每个管理任务又由若干管理要求组成，构成相对完整、逐级细化、可操作、可监测的学校内涵发展指标体系。

从中可以看出，这次《管理标准》没有空洞的教育理念，而是采用国际上通用的、条目式的写作方式，把国家对义务教育学校的管理政策及思想要求，采用关键词分析的方式，层层分解，力图做到对每一项"管理职责"都要用若干"管理任务"来体现，而每一个"管理任务"又要由若干的"管理要求"来实现，最大限度地做到精细化、可操作和可检测。

例如，第50条中提出"不拔高教学要求，不加快教学进度"，其中"教学进度"是可以量化检测的；第60条中提出"减少考试次数，实行等级加评语的评价方式。考试内容不超出课程标准"，其中"考试次数""等级加评语"都是可以用来检测的"关键词"，以此来检测和评价学校是否"将促进学生健康快乐成长作为学校一切工作的出发点和落脚点"。

当然，《管理标准》是在以往若干规定或禁令的基础上制定的，为了不形成"政出多头"，《管理标准》中所涉及的一些具体数字要求都与以前颁布的文件保持一致，没有另外提出管理要求。比如，第27条"科学合理安排学校作息时间，家校配合指导好学生课外活动，保证每天小学生10小时、初中生9小时睡眠"等，都与教育部以前颁布的减负禁令、课程实施计划等文件保持一致。

正是通过这种对"关键词"层层分解的方法，使得92条管理要求构成一个相对完整的检测评价体系，为区域考量和评估学校、学校开展自我诊断和评估提供了具体要求与参照依据。各个区域或学校可以依据这样一个国家级的管理标准，采用"等级赋值"的方法进行数据分析。例如，可以将"考试次数"作为一个可检测的关键词，根据出现的程度进行等级分类，并采用"赋值"的方式采集数据，对学校进行判断和评价，进而对某一个区域义务教育学校发展水平作出判断、评估。

《管理标准》为区域或学校提供了判断评价的依据，让义务教育学校办学有法可依、有章可循。92条管理要求可以分底线标准、达标标准和引领标准三种类型，每个条目都可以分成若干等级，用来诊断分析学校达到的程度与水平。《管理标准》充分考虑了我国不同地域之间的差异，既适用于农村学校，又适用于城市学校。

走向倚重工具的标准化治理

教育治理是在现代化、国际化、民主化语境下的新型管理范式，已成为现代教育管理的重要理念和价值追求。但是，这种新型的教育治理方式需要"工具"，即教育治理工具体系，完成从依据等级制的文件管理走向倚重工具的标准化治理。当然，教育行政部门的各种文件、制度、规定、章程、要求等本身也是"教育治理工具"，但教育治理工具体系则更加强调标准化、法制化、规范化、约束性、可操作性和可检测性，更加要求划清教育治理主体之间的权力界限，为教育治理结构的良性运转提供工具体系。

《管理标准》就是这样一个由教育部主导制定的教育治理工具。政府依据标准进行规范化管理，在加大投入、加强监督、加强约束等方面都有据可依，从根本上减少管理中的随意性。《管理标准》是教育行政部门对学校进行监督、指导和服务的重要工具，也是教育行政部门转变政府职能的具体体现。

尽管当前对教育管理与教育治理的本质特征，学界还没有统一的认识，但是显而易见，教育治理是针对问题而言的，对教育系统存在的各种问题如果没有一个清晰明确的分析认识，治理就无从下手，更谈不上建立相对完整的教育治理体系。作为现代教育治理工具的《管理标准》，从根本上讲，就是义务教育问题解决策略体系，是对社会关注的热点、难点问题给予的政策回应。

比如针对校园安全问题，《管理标准》提出"落实《中小学幼儿园应急疏散演练指南》，提高师生应对突发事件和自救自护能力""制定突发事件应急预案，预防和应对溺水、交通事故、不法分子入侵、校园暴力、自然灾害和公共卫生事件"等制度措施。针对"择校热"现象，《管理标准》从"坚持免试就近入学，不举办任何形式的入学或升学考试，不以各类竞赛、考级、奖励证书作为学生入学或升学的依据""实行均衡编班，不分重点班与非重点班"等方面提出应对策略。

对于这些现实的热点、难点问题，《管理标准》从"管理职责""管理任务"和"管理要求"等方面提出了解决问题的具体策略，有助于形成长期稳定的制度和机制。

从严格意义上讲，《管理标准》不是从教育宏观理念出发，没有严格地遵从教育管理的逻辑体系，而是从教育现实问题出发，从实践经验中分析提炼教育策略和措施，形成若干教育管理要求，这种实践逻辑更富有生命活力。

促进学校薄弱领域的持续改进

从根本上讲，《管理标准》既是一种教育管理的思想方法，又是一种管理工具体系，也是一种指向学校持续变革的行动依据。各地可以通过自我诊断和检测评估，对学校发展现状进行价值判断，寻找区域或学校发展的优势和劣势领域，依据《管理标准》确定区域或学校改革与发展的领域或方向。

例如，在培养学生的生活技能方面，学校是否增加了学生劳动和社会实践的机会，是否为学生在校园内参加劳动创造了机会，是否组织学生到基地开展学工、学农等综合实践教育活动等，这些方面都可以依据《管理标准》进行诊断检验。如果诊断数据显示不理想，说明这就是学校发展中的薄弱环节，学校需要制订该领域的改进计划。

对于学校薄弱领域的持续改进，需要客观判断学校各个发展阶段的现状，动态调整学校发展的相关策略。依据《管理标准》，学校管理者能够清晰地认识到自身发展的现状，清醒地认识学校发展面临的各种问题与风险，预判学校未来发展趋势，形成一种对学校发展起指导作用的管理思路与举措，进而研究转化成一套可操作、可改进的学校发展计划方案。

例如，学校在培养学生艺术素养方面存在课程资源方面的劣势，则可以设立"如何利用当地文化艺术场地资源开展艺术教学和实践活动"的研究项目，制订具体的研究计划，采用行动研究的方法，来改进学校在这一方面的不足。

在改进薄弱领域方面，学校应该坚持自下而上的原则，渗透民主与科学的办学价值追求。在此基础上，形成对学校办学价值观的广泛认同，依据《管理标准》科学制订改进计划或措施，促进学校内部治理迈上科学化、民主化的轨道。

建立健全规章制度的参照

长期以来，我国教育系统缺乏标准意识和规则意识，有要求、有禁令，无规则、无底线，办学靠社会自觉，靠校长的办学风格与人格魅力。在义务教育阶段，由于受应试教育功利思想的影响，长期存在着学校管理制度不健全、管理模式陈旧、行政管理粗犷等问题。因此，迫切需要建立健全各项规章制度来约束学校的办学行为。

学校要建立符合法律规定、符合自身特点的学校规章制度，就必须明确办学的各项管理任务、管理职责和管理要求，让规章制度成为学校成员之间的共同约定和法则。

《管理标准》是学校制定各种规章制度的基础。其中，对"依法制定学校章程，规范学校治理行为，提升学校治理水平""制定学校发展规划，确定年度实施方案，客观评估办学绩效""健全管理制度，建立便捷规范的办事程序"等方面，都提出了明确要求。学校制定或完善规章制度应与《管理标准》保持高度一致性。

在《管理标准》中，对"定期召开校务会议""健全教职工代表大会制度"和"完善家长委员会"等内容，都作了明确要求，这些都是制定学校规章制度的基础保障。如果学校制定规章制度，不依据《管理标准》的各项要求，那么学校规章制度的统领性作用就难以发挥。

当然，《管理标准》毕竟是一个行政管理文件，如何科学地实施，还需要各地教育行政部门和教育督导部门结合当地义务教育学校的实际状况，创造性地开展实施工作，提出更为具体、更为细化的标准要求，自主生成管理规范。这是改善学校管理、建立内部治理体系的根本路径。

（作者系北京市海淀区教育科学研究所所长）

（文章原刊于《人民教育》2015 年第 05 期）

管理标准时代：从经验式、碎片化迈向规范化、科学化

任国平

2016年12月15日，教育部基础教育一司在湖北省宜都市召开义务教育学校管理标准实验工作总结研讨会。据了解，2014年8月，教育部印发《义务教育学校管理标准（试行）》（以下简称《管理标准》），首次全面系统地梳理了我国义务教育学校管理的基本理念、基本内涵、基本框架和基本要求，标志着义务教育学校管理从经验式、碎片化进入了规范化、科学化时代。

《管理标准》印发的同时启动了科学严谨的实验和验证程序。北京市海淀区、江苏省泰州市、山西省孝义市等地成为8个《管理标准》实验区，实验时间自2014年8月至2016年3月。

此次会议的目的是总结两年多来实验工作的经验、成效和不足，进一步研讨完善义务教育学校管理标准，为下一步在全国部署实施作好准备。

《管理标准》为学校依法办学、科学管理提供了指导和依据

《国家中长期教育改革和发展规划纲要（2010—2020年）》明确提出了"建立现代学校制度、完善中小学学校管理"的要求。党的十八届三中全会提出"推进国家治理体系和治理能力现代化"。出席会议的教育部基础教育一司司长吕玉刚指出："国家层面的政策和要求，为义务教育学校管理标准

的实验和推进工作指明了方向。"

首先,制定《管理标准》是建立现代学校制度、完善教育治理体系的重要基础。《管理标准》既是学校办学治校的基本遵循和工作目标,又是政府简政放权,减少具体干预,为学校办学提供基本保障、督导评价学校工作的基本依据和衡量标准。

其次,制定管理标准是提高办学水平、提升教育质量、实现内涵发展的重要举措,有利于指导学校遵循教育规律和学生身心发展规律,实施科学管理、民主管理,发挥管理的育人功能,构建健康和谐的校园生态。

最后,制定《管理标准》是规范办学行为、提高管理水平的现实需要,有助于促进解决学校管理"管什么""怎么管"的问题。《管理标准》既提出了"规定动作",包括必须落实的77条"正面清单"和不能触碰的5条"负面清单",还提出了10条"倡导性内容",形成了一个"令行禁止、上不封顶"富有张力的发展体系,为学校依法办学、科学管理提供了指导和依据。

为了验证《管理标准》提出的92条管理要求是否符合义务教育学校管理的实际,基础教育一司在《管理标准》印发后的第一时间同步启动了标准实验工作。

在地方主动申请的基础上,确定北京海淀、江苏泰州、江苏淮安、山西孝义、山东威海、四川蒲江、湖北宜都、贵州贵阳8个地区为《管理标准》实验区,实验范围涵盖东中西部的城市和农村。既有区县级,又有地市级;既有省会城市,又有一般城市。2015年8月,为了评估各实验区工作开展情况,基础教育一司委托北京市教科院开展了为期一年的《管理标准》实验工作评价课题研究。截至目前,实验工作和课题研究工作均已按期完成。

两年多的《管理标准》实验工作取得了丰硕的成果,基本达到了《管理标准》总体实验方案设定的"印证标准、促进规范、改善治理、引领全国"的实验目标,实验区的义务教育整体面貌变化明显,学校管理水平显著提高,验证了《管理标准》的可推广性,为完善《管理标准》奠定了基础。

会上，8个实验区分享了各自落实《管理标准》的经验和体会。与会的各省（自治区、直辖市）教育行政管理者普遍认为，8个实验区结合地方实际，科学选择样本学校，合理确定实验目标，认真研究实验方法，全力保障实验条件，实验过程严谨细致，实验数据客观真实，实验结果令人满意，为全面推进《管理标准》的实施提供了宝贵经验和工作方法。具体表现在：一是学习标准与对标研判相结合，二是顶层设计与基层落实相结合，三是行政推动与科研引领相结合，四是总体推进与分项目实施相结合，五是全员培训与典型示范相结合。

《管理标准》的推广和实施，各地教育行政部门重点抓什么

两年多的实验工作既取得了突出成效，也存在一定的问题和不足。主要表现在：由于不同地区、不同学校管理水平的差异，实验效果出现了区域及学校间不平衡；《管理标准》本身还存在一些有待改进的地方，需要根据实验情况不断修订、完善；在统筹推进过程中，牵涉面较广泛、较深刻的某些问题还需要进一步加大改革力度。

《管理标准》制定容易落实难，怎么落实不走样、不跑偏、不走过场更难，这是对教育行政部门和教育管理者的勇气与智慧的考验。吕玉刚强调，要努力构建"标准引领、内涵发展、规范管理、特色鲜明"的未来学校发展模式。下一步，基础教育一司将开展以下几项工作：一是修订并颁布标准，二是全面部署标准落实，三是深入开展标准解读，四是推广实验工作经验。

在《管理标准》的推广和实施过程中，各地教育行政部门重点该抓哪些方面的工作？吕玉刚提出了几点希望。

一是出台配套政策。《管理标准》是对学校管理提出的基本要求，适用于全国所有义务教育阶段的学校。鉴于全国各地区的差异，各省级教育行政部门可以依据《管理标准》和本地实际提出实施意见，细化标准要求，完善配套政策。

二是推进实施全覆盖。每所学校都要学习标准，开展办学思想、学校

治理大讨论。要对标研判、体检分析，发现亮点优势，找出自身不足，既增强学校坚定的改革信心，又明确努力方向，充分发挥《管理标准》的示范引领作用，整体提升每所学校的办学水平。

三是开展专题培训。地方各级教育行政部门和教师培训机构要将《管理标准》作为校长和教师培训的重要内容。

四是加强专项督导。教育督导部门应按照《管理标准》修订完善义务教育学校督导评估指标体系和标准，开展督导评估工作，促进学校规范办学、科学管理，提高教育质量和办学水平。要注意与其他专项督导的有机整合，避免过多干扰学校正常办学。

吕玉刚指出，《管理标准》是基本的规范，具有引领作用，其相关内容既不宜过高，又不能偏低，要具有普遍适用性。从未来贯彻落实的具体时限上看，既要立足2020年全国义务教育学校均应达到标准的基本要求，又上不封顶，"因为各个学校发展不可能齐头并进，将经历一个螺旋式上升的过程，同时《管理标准》也不会一成不变"。

教育行政部门要根据《管理标准》调整学校评估机制

结合前期实验工作经验，吕玉刚强调，各地在贯彻落实《管理标准》的过程中，需要处理好以下几个关系。

一是处理好统一要求和分类指导的关系。《管理标准》提出的92条管理要求是基于全国整体情况提出的，具有一般普适性。但由于我国不同地域之间、城乡之间、不同类别的学校之间，在学校管理、教师队伍、教学质量、学校环境等方面存在着较大的差异，因此推进《管理标准》落实不能"一刀切"，需要在统一要求的基础上注重分类指导、分层要求、分步实施，扎实稳步推进，才能真正把《管理标准》落到实处，促进学校科学治理。

二是处理好"收"和"放"的关系。《管理标准》在落实学校办学自主权方面实现了"一放一收"。所谓"一放"，就是明确了办学主体，把办学自主权还给学校，学校怎么办、怎么管，由学校说了算。所谓"一收"，就是明确了管理标准，学校不能"想怎么办就怎么办、想怎么管就怎么管"，应在《管理标准》的规范和指导下，最大限度地发挥学校的主动性、积极性和创造性，办好每一所学校，教好每一个学生。"一放一收"，实际上为学校搭建了一个平台，也为学校设置了一条底线，在这个平台上，不跨越这条底线，学校可以自由发挥。在贯彻《管理标准》过程中，要注意把握一收和一放的关系，避免"一管就死，一放就乱"，实现义务教育学校在贯彻《管理标准》基础上最大化行使办学自主权。

三是处理好《管理标准》和学校制度的关系。《管理标准》出台之前，各学校都结合本校实际形成了一定的管理制度，有的已形成管理体系。学校贯彻落实《管理标准》，不是要将已有制度全部推倒重来，而是要在贯彻落实《管理标准》的过程中，将标准与学校的办学章程、各项已经运行有效的规章制度进行有机对接与融合。

吕玉刚要求，学校要依据《管理标准》，坚持简洁管用原则，健全完善各项管理制度，推进依法治校、依法治教、依法施教；教育行政部门也要根据管理标准调整学校评估机制，以《管理标准》评价学校办学情况，实现良性互动。

（作者系《人民教育》记者、副编审）
（文章原刊于《人民教育》2017年第02期）

做好高中校长，能力为重

沈玉顺

与 2013 年 2 月 4 日教育部发布的《义务教育学校校长专业标准》相比，今年 1 月 10 日教育部发布的《普通高中校长专业标准》（以下简称《标准》），在基本理念和内容结构与前者保持一致的同时，着力解决普通高中教育发展中存在的突出问题，有针对性地对普通高中校长提出了不少与义务教育学校校长不同的专业要求。

明确普通高中学校的培养目标

普通高中教育作为基础教育的高级阶段，要在九年义务教育的基础上，面向全体学生，进一步提高学生素质，为学生的终身发展奠基。准确把握普通高中教育的特点和培养目标定位，是校长做好学校工作的前提。

《标准》对普通高中学校的培养目标进行了明确定位，即要求校长重视学生社会责任感、创新精神和实践能力的培养；注重学生自主学习、自强自立和适应社会的能力的培养；坚持多样化的成才观，适应学生多样化发展的要求；全面提高普通高中学生的综合素质。上述规定，为校长深入理解普通高中教育的任务，准确把握学校工作的重点提供了具体的管理依据。

治标要有明确的价值取向

《标准》通过对校长"营造育人文化"专业职责的规定,将"立德树人"的学校教育任务转化为对校长的具体专业要求,将德育放在教育工作的首要地位,突出强调了校长在培育和践行社会主义核心价值观、传承中华优秀传统文化以及发掘中华传统优秀文化时代意义和教育价值方面必须承担的责任,为校长办学治校指明了价值方向。

此外,《标准》还通过对教师精神成长的关注,要求校长引导支持教师坚定理想信念、提高道德情操、掌握扎实学识、秉持仁爱之心,不断提升教师的精神境界,进一步强化了对学校教育的价值指导。

上述规定,为校长准确把握办学的社会主义方向,领导教职工实现普通高中的教育使命提供了方向性指导,是校长必须自觉遵循并积极践行的价值规范。

普通高中校长领导管理职责的重点

《标准》要求校长重视学生综合素质的提升,开齐、开足国家规定的各类必修和相关选修课程,确保体育、艺术、技术、综合实践活动等课程的实施。同时,要求校长要适应学生多样化发展的需要,注重学生的个性发展,强化学生学习的选择性,加强对学生职业生涯规划的指导,拓宽学生的成才渠道;加强法治教育,关注学生心理健康和青春期教育。

有关普通高中校长专业行为的上述具体规定,旨在通过明确规定普通高中校长领导管理职责的重点,切实落实国家普通高中教育改革和发展政策,同时为深化招生考试改革创造条件,体现了对普通高中校长的核心专业要求。深刻领会并准确把握上述要求,是普通高中校长有效履行专业职责的必要条件。

指出学校特色发展的具体路径

鼓励普通高中多样化发展是国家教育政策的要求，也是普通高中学校工作的重点。多样化发展是对整个高中教育系统的要求，就具体学校而言，普通高中多样化发展的实质是鼓励学校结合校情办出特色。

《标准》要求校长在落实国家课程方案和标准，统筹国家、地方、学校三级课程的基础上，创建具有本校特色的学校课程体系；在课程建设上，重视课程的多样性和选择性，开设多种形态、适应学生发展需要的选修课，为学生提供丰富多样的学习资源，增强学生学习的自主性，丰富学生的学习经验，营造体现办学理念和学校特色的校园自然环境与人文环境。

上述规定，不仅在内容和形式方面对普通高中校长领导学校实现特色化发展提出了明确要求，而且指出了学校特色发展的具体途径，对校长有效履行专业职责具有很强的指导作用。

建立健全学生体质健康预警机制

针对现实中不少普通高中学校由于片面追求升学率所造成的学生学业负担过重，对学生身心健康造成不良影响，不利于学生全面发展等违背教育规律和国家政策规定的倾向，《标准》在重申学校要"合理安排作业，不得违规补课和增加课时，切实减轻学生过重的课业负担，确保学生每天一小时校园体育活动"的同时，提出"建立健全学生体质健康监测机制"，明确要求校长建立健全学生体质健康预警机制，切实对学生体质健康负起责任。

这项规定是为有效解决长期困扰普通高中的难题，认真落实国家有关全面提高普通高中学生综合素质的要求而采取的重大措施，是校长在管理实践中必须认真履行的重要职责。

对高中校长的多种能力要求

"能力为重"是贯穿在《标准》中的重要理念。《标准》强调校长办学治校要将教育管理理论与学校管理实践相结合，重在实践，勇于创新。

针对普通高中以分科课程设置为主，同时需要为学生提供丰富的选修课程和丰富的学习资源等特点，《标准》提出校长在教师队伍建设方面要重视培育学科骨干，完善教师梯队建设；针对普通高中教师专业化程度高、民主意识强，学生自主意识和能力不断提高，学校与社会（社区）关系更为密切等特点，《标准》对校长提出了民主管理的要求，规定校长要鼓励师生员工参与学校管理，完善家庭和社会（社区）参与学校管理的机制；适应普通高中要重视学生社会责任感、创新精神和实践能力的培养，全面提高学生综合素质的培养目标要求以及普通高中学校与家庭、社会（社区）联系日益紧密的发展趋势，《标准》对校长提出了"掌握开发和利用社会资源的知识与方法""掌握与家庭、社会（社区）、学校、各类媒体等沟通的方法与技巧"等领导管理技能方面的要求；针对普通高中学校作为专业化程度较高的教育机构，在思想道德观念和科学文化知识的传播等方面所具有的独特优势和显著示范作用，《标准》将"积极发挥学校在社区建设中的文化引领作用"作为对校长的重要专业要求；针对普通高中学校管理的复杂性，《标准》对校长提出了加强学校管理队伍建设、优化学校管理机制、重视发挥制度作用的组织建设要求。

可以说，上述规定比较突出地体现了普通高中的管理特色，回应了学校的管理诉求和对校长的能力要求，指明了校长专业发展的方向，应当引起校长的高度重视。

（作者系教育部中学校长培训中心副主任，华东师范大学教授）
（文章原刊于《人民教育》2015年第10期）

专业的校长"专"在哪里

林卫民

2015年年初,教育部颁布了《普通高中校长专业标准》(以下简称《标准》),校长应当依据《标准》对自己进行"全面体检",寻找自身的不足和努力方向。从领导和管理学校角度分析,这是校长修炼自身领导力的机会。

服务于学生的生命成长

《标准》在"规划学校发展"的职责中提出:校长要"正确理解普通高中的责任与使命,明确学校的办学定位。注重培养学生自主学习、自强自立和适应社会的能力,全面提高学生综合素质"。

学校的责任和使命,是培养学生、促进学生的生命成长。生命的目的是什么?"学生即是生命的目的"!但是很多教师没有做到这一点,甚至漠视学生的存在,一个任教两个班的教师连学生的名字都叫不出,更谈不上了解学生的绰号、家庭背景、性格、人际关系、学习能力和水平,教师只是一厢情愿地推出自己关于知识的那些话语,没有感觉到下课铃声早已响起;只是开发学生对未来某种荣耀的渴求,而没有关注每个学生的现状;只是希望学生的未来应当怎样,而不关注学生自己想要拥有怎样的未来……

为了完成高中教育的责任和使命,校长应当要求每一个教师细致入微地研究自己的学生，只有每一个教师能够深入细致地关注学生而不只是学科知识，"传授知识的教学"才能提升为"提高认识的教育"，教学才能进化为教育、进化为关注学生生命成长的教育。

让学校成为有生命意义的组织

《标准》在"营造育人文化"的职责中提出：校长要"将立德树人作为普通高中的根本任务，把德育工作摆在素质教育的首要位置，全面加强学校德育体系建设"；在"领导课程教学"的职责中提出：校长要"发挥各学科育人作用，促进学生全面发展"。

《标准》还要求校长"营造学校的人文环境，精心设计各类指向教育性的活动，建设积极的校园网络文化，培育社会主义核心价值观""熟悉课程政策，熟知学生成长规律，落实综合素质评价"。这一切表明，校长领导和管理学校，不仅要努力提高学生的学业成绩，还应该思考"再做些什么能够激励学生的生命成长"。

校长应该思考，管理中如何做到：在正式课程中开展课内分层教学、实施分层作业，以使"学业优秀的学生能够到更有知识的地方去""学业困难的学生能够及时得到帮辅并获得成功的成就感"；除正式固定班级的课程外，还应当有按学生兴趣走班的课程，每周要有固定的半天或更多的时间让学生学他们想学的知识，甚至可以让学生走出课堂、走出学校去学他们自己想学的、思考他们自己感兴趣的那些事，还可以安排固定的时间让学生选择到社区、大学、研究院所开展研究性学习活动；通过课余时间的社团活动和参与学校的管理，让学生有发挥自己才华的地方。例如，球赛、游戏、阅读和演讲、科技或美术作品展示……这一切能否形成与正式课程同等严谨的内部管理机制，是一所学校管理是否成熟的标志。

一所成熟的学校不只是会做学科课程、做好课堂教学的那些事，还必须在指向教育性的活动设计和总体安排上，形成自身的学校传统和指向活动的文化氛围，这是成就学生"作为人的一般发展"所必需的学校工作。"指向教育性的活动的全面课程"成熟了，一所学校才能算得上具有"生命意义的学校组织",领导这所学校的校长才可以称得上"专业的校长"。

从专业角度创造有利于学生和学校发展的各种内部关系

《标准》在"引领教师成长"的职责中提出：校长要"将教师作为学校改革发展最宝贵的人力资源，尊重、信任、团结和赏识每一位教师"；在"领导课程教学"的职责中提出：校长要"自觉接受师生员工和社会的依法监督，以德立校、廉洁奉公、为人表率、处事公正"；在"调适外部环境"的职责中提出：校长要"重视与家庭、社会（社区）的沟通，增强学校对外交流的主动性和创新性"。

领导者创造关系。校长要创造一切良好的关系，"形成学校领导班子的凝聚力""熟悉人事财务、资产后勤、校园网络、安全保卫与卫生健康等管理实务"，并有底气向教职工甚至学生开放自己对于这些工作的思考和管理思路，鼓励师生员工参与学校管理。

校长要创设学校各种良好的关系，包括个体与工作的关系。全校教职工最终是为某个目的而工作，如果要鼓舞士气，这个目的必须是有用的，将一切工作目的聚焦于"学生的生命成长"，使全体教师明白：教师是向学生的未来宣誓的，教师的天职就是"使学生发生对人生有益的变化"。将学校工作、家校关系、社会支持的逻辑起点放在"使学生发生对人生有益的变化"上，个人、工作、学校组织、学生家长和社区之间才能建立健康的、全面的良好关系，并能更有效地鼓舞师生的士气。

很多事例可以证明，作为学校的领导者，从专业角度创造有利于学生获得成就和学校取得成功的各种内部关系，带来的惊喜远不只是良好的人际关系。

（作者系北京外国语大学校长助理、北京市北外附属外国语学校校长）

（文章原刊于《人民教育》2015年第10期）

坚持"标准",还要超越"标准"

柳袁照

教育部制定了《普通高中校长专业标准》(以下简称《标准》),引发了一些热议。赞同者有之,诟病者有之,各执一词。

我以为,凡事不能绝对化。绝对,乃至片面、高度不够,导致没有全局性观念,是我们处于基层的中学校长常犯的毛病。对《标准》的看法、态度,也是如此。

《标准》的价值,在于能够规范、引领校长的专业发展

我以为,《标准》是一份能作为"标准"的"标准"。标准要具有普适性,要符合国情。要适用于东部,也要适合于西部;先发地区适用,后发地区也能适用;一般高中校长适用,示范性高中校长也能适用。这是一个高中校长最基本的专业发展标准。《标准》的价值,在于它能引领校长的发展,至少"规范"了校长的专业发展,提出了作为高中校长必须做到的"底线"。校长的发展,不能随心所欲,不能成为一棵"疯长"的树。校长不是一种自由职业,他代表国家对学校进行管理。

陶行知曾说:"国家把整个的学校交给你,你要做整个的校长。"怎样才是做整个的校长?《标准》告诉我们哪些是校长该做的,哪些是校长不该做的。比如,第一部分"办学理念"的第三条"引领发展",提出了校长引

领学校发展的具体要求与内容。发展是第一要务，怎么发展？发展什么？从理念到制度、机制以及管理的方式、形式的选择，《标准》都有明确的规定。

校长与学校的关系，是深入其中引领学校按正确的方向与轨道不断发展的关系。校长如何引领？必须依靠"科学"与"民主"。这样的"校长标准"，不是把校长管死，而是管方向，铺设轨道，校长还有自己的发挥空间。科学与民主，这两个概念的内涵非常丰富，校长完全可以创造性地选择与发挥。

对校长而言，什么是该做的？什么是不该做的？自己首先要清楚。否则，做得越多，离校长岗位的本质要求越远。所谓"南辕北辙"，就是这个道理。

《标准》来源于实践，而不是凭空想象的产物

有人认为《标准》缺乏新意，我则认为不能如是简单否定它。有没有新意，不是评价事物好坏的标准。《标准》不是凭空想象的产物，也不是理论家仅凭理性坐在书斋里想出的产物。它是以长期的校长工作实践为基础，再经过科学提炼之后的产物。本来就来自我们的学校日常生活，理所当然都是"似曾相识"的"面孔"。这正说明它的价值所在。规律性的东西，不会是"日新月异"的。事物最本质的东西，具有强大的稳定性的力量。

比如，第二部分的"专业要求"，其中第二点"营造育人文化"，提及"营造体现办学理念和学校特色的校园自然环境和人文环境"。这是对十多年来我国高中学校校园文化建设实践的一个充分肯定。校园，本身就是教育的一部分，校园文化建设本身就是学校发展的一个重要方面，它不是校长可做可不做的工作，而是一项明确的工作职责。《标准》对此提出了高要求，这种校园文化建设，应该与学校的发展特色联系在一起，是学校提倡的教育理念的物质呈现，一草一木、一砖一瓦都是。甚至，仅仅做到这里还不够，还必须与自然环境一起做，两者相呼应、相吻合。《标准》对一线校长多年来校园文化建设的实践加以肯定，并作为约束校长办学的"工作准则"，绝不能以它不"新"而予以否定。我以为，对教育来说，对学校来说，有时"坚守"或许更难、更重要。

一个好校长,不是仅仅按《标准》"操作"就能实现的

话又说回来,一部《标准》,是不是能彻底解决"校长专业发展"的问题呢?在我看来,校长的发展与教师的发展一样,本质上还是"人"的发展。校长的"共性"是寓于每一个校长不同的"个性"之中的。追求学校的个性,其前提条件是校长包括教师都要有个性。鼓励校长做一个有鲜明特色、鲜明个性的校长,首先这个校长是有鲜明个性的"人"。

校长是什么?这个问题,大家想过吗?这是一个十分简单的问题,其实我们可能都没有好好想过。校长首先是"人",作为"人"的发展,本质上是"生命成长"。校长在教师队伍中又是肩负着特殊使命的一个"特殊"的人,他在教育的岗位上,本质上是一个教师,作为"教师"的校长,应该具备什么特别的素养与能力?《标准》提出了"校长引导教师发展"的专业要求。要能引导别人发展,首先还必须自身发展得好。作为一个"教师"的校长,对其素质与能力要求,绝对不是"教师的素质与能力"加上"校长的素质与能力"就可以了,而是需要两者的融合。如何融合?如何实现最佳的融合状态?这些也都是需要认真思考与研究的。

一个好校长,不是仅仅按《标准》"操作"就能实现的。要让一所学校真正发展得又好又快,在这些"标准"的后面,"情怀""原创性""担当"等品质,或许同样不可缺。尽管这些品质没有被纳入《标准》,算不上"专业素养与能力",但其作用可能不亚于已被列入《标准》的那些"专业素养与能力"。

尽管如此,我还是坚持认为,有《标准》,一定会比没有《标准》要好——它可以整体提升高中校长的专业水准。但有了《标准》之后,不能仅仅满足于此,在达到一定的层次,特别是专业层次以后,要积极地超越《标准》,以实现校长"自由""自在"的办学境界——所谓学校管理上的"天人合一"的美妙境界。

(作者系江苏省苏州第十中学校长)

(文章原刊于《人民教育》2015 年第 10 期)

图书在版编目（CIP）数据

"好校长"是怎样炼成的/任国平编.—上海：华东师范大学出版社，2018
（《人民教育》精品文丛）
ISBN 978-7-5675-8389-4

Ⅰ.①好... Ⅱ.①任... Ⅲ.①校长—学校管理 Ⅳ.① G471.2

中国版本图书馆 CIP 数据核字（2018）第 230115 号

大夏书系·《人民教育》精品文丛

"好校长"是怎样炼成的

总 主 编	余慧娟
副总主编	赖配根
本册主编	任国平
策划编辑	李永梅　程晓云
审读编辑	任媛媛
封面设计	奇文云海·设计顾问

出版发行	华东师范大学出版社
社　　址	上海市中山北路 3663 号　邮编　200062
网　　址	www.ecnupress.com.cn
电　　话	021-60821666　行政传真　021-62572105
客服电话	021-62865537
邮购电话	021-62869887　地址　上海市中山北路 3663 号华东师范大学校内先锋路口
网　　店	http://hdsdcbs.tmall.com

印 刷 者	北京密兴印刷有限公司
开　　本	700×1000　16 开
插　　页	1
印　　张	17.5
字　　数	250 千字
版　　次	2018 年 11 月第一版
印　　次	2025 年 1 月第八次
印　　数	20 101–21 100
书　　号	ISBN 978-7-5675-8389-4/G·11541
定　　价	52.00 元

出 版 人	王　焰

（如发现本版图书有印订质量问题，请寄回本社市场部调换或电话 021-62865537 联系）